Kleine Worte

9 783946 871385

2. Auflage

ÜBERSETZUNG *Islamische Akademie für Bildung und Gesellschaft (abg)*

VORWORT & KOMMENTAR *Maximilan Friedler*

HERAUSGEBER *Dr. Arhan Kardas*

LEKTORAT *Lenius Hirschberger*

SATZ *Onur Alka*

COVER *Yavuz Aydemir*

Linemarketing GmbH
Wilhelmstr. 29 A/2 – 13593 Berlin
www.deinbuchshop.de
ISBN: 978-3-946871-38-5
Druck: FINIDR

Besonderer Dank gilt für die freiwillige Unterstützung an der Übersetzungsarbeit an Felix Stein, Rümeysa Bağ & Kübra Dalkılıç

Hierzu möchten wir die konsequente Arbeit von Felix Stein, Rümeysa Bag, Kübra Dalkilic, Ahmet Nebi Y., Melih T., Yusuf D., Dr. Abdullah Mutlu, Ertugrul T., Ahmet Ö., Dr. Metin Aysel, Hüseyin Kahraman, Ismet Macit, Ercan Bal, Dr. Arhan Kardas und unseren Lektoren Lenius Hirschberger, Dr. Frank Giesenberg, Sevval Misirlioglu sowie den Satz von Onur Alka besonders würdigen.

Ein ganz besonderer Dank gilt dem Gelehrten Abdullah Aymaz, mit dem wir die Überschriften und offengebliebene Fragen zum Inhalt ein letztes Mal diskutieren konnten.

Inhalt

Kleine *Worte*

zu großen Geheimnissen des Seins,
des Menschen und des Glaubens

EINLEITUNG

Zu den Kleinen Worten, die Sie gerade in Händen halten

HISTORISCHER KONTEXT DER KLEINEN WORTE

Im Jahre 1926 wurde der Lehrmeister aus seiner asketischen Zurückgezogenheit in Van nach Burdur und später nach Barla, einem Vorort der Stadt Isparta in Westanatolien, gebracht, wo er fortan im Exil lebte. Es war Frühlingsanfang. Der Lehrmeister pflegte Ausflüge in die Berge und Gärten in und um Barla zu machen. Als er eines Tages zwischen Mandelbäumen auf den Egirdir-See sah, kam ihm das Gleichnis des Korans aus der Sure Er-Rūm 30:50 in den Sinn:

> „So schau doch auf die Spuren von Gottes Barmherzigkeit – wie Er die Erde wiederbelebt nach ihrem Tod. Ganz gewiss ist Er es, der die Toten (auf ähnliche Weise) wiedererwecken wird. Er hat volle Macht über alle Dinge."

Seiner Heimat entrissen, ganz allein inmitten dieser Gärten und versunken im Sinngehalt dieses Verses fing er an, ihn mehr als vierzigmal laut zu rezitieren. Als er am Abend zu seinem Haus zurückkehrte, diktierte er seinem Sekretär, einem Damaszener Hafis, eine Allegorie.[1] Das zehnte Wort seiner „Botschaft des Lichts“ wurde also als Erstes niedergeschrieben. Darin diskutierte er rationale, intuitive und theologisch-philosophische Beweise für das Leben nach dem Tod sowie für die Wiederversammlung der Geschöpfe nach dem Vergehen dieser Welt. Dazu entwickelte er Beweise für die Existenz des Schöpfers und Seiner vollkommenen Eigenschaften und stellte Überlegungen über den Sinn und Zweck des Seins und der Zeit an.

Das zehnte Wort, „Die Wiederversammlung“, wurde zweimal, im Jahre 1926 und 1928, in Istanbul publiziert. Damals waren Bediuzzamans Schriften noch nicht verboten.

POSITIVE WISSENSCHAFTEN UND DER GLAUBE IM 20. JAHRHUNDERT

Der Motivationsgrund für eine solche Abhandlung war höchstwahrscheinlich die allgemeine Stimmung in der ersten Hälfte des 20. Jahrhunderts. Es war eine Zeit, in der die Menschen – selbst die Gläubigen – daran zweifelten, ob eine körperliche Wiederauferstehung nach dem Tod rational möglich sei. Ähnlich wie in der Zeit der Sieben Schläfer von Ephesus, in der selbst Monotheisten an

---

1 In diesem Dorf gab es einen Theologen, der sein Studium in Damaskus absolviert hatte und den Koran auswendig konnte. Sein Vater und er waren bei der berühmten Predigt von Damaskus (1911) dabei. Tawfiq, dieser Hafis aus Damaskus, erkannte den Lehrmeister sofort wieder und diente ihm in Barla acht Jahre als Sekretär.

einem Leben nach dem Tod zweifelten, herrschte bei den Menschen des 20. Jahrhunderts großer Zweifel an der Wiederauferstehung. Nicht nur in der Türkei, sondern auf der ganzen Welt wurden Religion und Glaube infrage gestellt. Der dialektische Materialismus gewann politisch und gesellschaftlich die Oberhand. Die Wahrheit wurde zuerst auf das rationale Wissen, später auf empirische Erkenntnis reduziert. Das Metaphysische bzw. Spirituelle wurde von diesem Positivismus kategorisch abgelehnt. Positivistische Erkenntnisse wurden von Philosophen aufgegriffen und angereichert. So erklärte Nietzsche Gott für „tot“, und mit dem vermeintlichen Tod Gottes geriet der Glaube an die Wiederauferstehung und das Leben nach dem Tode ebenfalls in Verruf.

Gerade in diesen Jahren war Bediuzzaman mit den Grundfragen des Lebens und des Glaubens beschäftigt. Woher kommt der Mensch? Was macht ihn aus? Wie kann der Mensch sein gewaltiges Potenzial ausschöpfen? Worin begründet sich der Mehrwert des Menschen? Was bedeutet der Glaube? Welche Funktion hat die Vernunft? Gibt es überhaupt einen Gott? Sind Glauben und Vernunft Gegensätze? Wohin gehen die Geschöpfe nach ihrem Tod? Wird die Wiederauferstehung nach dem Tod körperlich oder seelisch stattfinden? Wenn Gott gerecht oder barmherzig ist, warum gibt es in der Welt keine Gerechtigkeit oder Barmherzigkeit? Warum soll sich Gott mit uns beschäftigen und unseren Dienst verlangen, wenn er transzendent und unabhängig ist?

Als Antworten auf solche und ähnliche Fragen schrieb er seine *Worte* und *Briefe.* Zwischen 1926 und 1930 wurde bereits der Hauptteil der 33 Abhandlungen verfasst. Sie galten den Schülerinnen und Schülern als das Hauptwerk ihres Lehrmeisters, als Kernstück seines Gedankengutes. Die *Kleinen Worte,* die Sie in der Hand halten, sind nur eine „Hineinführung" in den Palast dieser Lichter, in den Garten dieser Früchte. Sie bilden nur ein Hundertstel des Gesamtwerkes. Im Gegensatz zu den klassischen Ausgaben enthält unsere Edition noch das 23. Wort als Einleitung. Das zehnte Wort über das Leben nach dem Tod wird aufgrund seines Umfangs als ein separates Buch herausgegeben. In diesem Vorwort möchten wir lediglich die theologisch-wissenschaftliche Relevanz dieses Wortes hervorheben, da sie bisher noch nicht gewürdigt wurde. Mit unserer künftig erscheinenden Übersetzung und unserem Kommentar werden wir versuchen, eine Grundlage für eine wissenschaftliche Beschäftigung mit dem Werk zu schaffen.

DIE KLEINEN WORTE SIND PRIMÄR EIN SELBSTGESPRÄCH

Die *Kleinen Worte* sind im Gegensatz zu den *Briefen* hauptsächlich ein Selbstgespräch. Während die *Briefe* einen Dialog zwischen Bediuzzaman und den Schülern darstellen, zeichnen sich die Worte als ein Selbstgespräch aus, welches primär zwischen seinem *nefs* und seinem Herzen geführt wird. So sagt der Lehrmeister in der Einführung: „Ich finde, dass mein *nefs* mehr Rat braucht als jedes andere." So sind die *Kleinen Worte* zwar ein lautes Selbstgespräch, es steht aber jedem offen, zuzuhören, insbesondere jenem Diener des Militärs, der von ihm Ratschläge erbeten hatte.

VON DER SPRACHE DER PHILOSOPHEN ZUR SPRACHE DER PROPHETEN

Obwohl der Lehrmeister in seinen jüngeren Schriften einen abstrakt-philosophischen und aphoristischen Schreibstil bevorzugte, versuchte er in den *Worten* in der Sprache der Propheten zu sprechen. Glaubenswahrheiten und Lichter in die Zukunft werden anhand von Gleichnissen in allgemein verständlicher Sprache zum Ausdruck gebracht. Bediuzzaman bezieht sich dabei nicht nur auf die koranische, sondern auf die abrahamitische Tradition der Allegorien, die wir in diesem Buch nummeriert und mit Zwischenüberschriften gekennzeichnet haben. Es gibt sogar ein Gleichnis im achten Wort, dessen Grundzüge in den *Mahabbaratas* und den Schriften von Buddha zu finden sind. Somit bedient sich Bediuzzaman in den *Worten* universeller Gleichnisse und Wahrheiten, die jeden Menschen ansprechen, der über Verstand und Herz verfügt. Die Wirksamkeit der Gleichnisse und der Wahrheiten aus den *Worten* für die Erneuerung des Glaubens und der Religion ist gewaltig. Ans Herz zu legen sind die Licht- und Sonnenparabel, das Gleichnis der Kunstgalerie, des Menschen im Brunnen, der zwei Diener und die Landstück-, die Baum- und die Manuskriptparabel, die Parabeln über Ziel und Zweck des Seins und der Zeit sowie der Traktat über die Barmherzigkeit Gottes und den Menschen als Sein Spiegel. Sie können durchaus neben Exegesen der Heiligen Schriften sowie den Werken großer Theologen und Philosophen wie Schleiermacher, Kant, Hegel, Karl Rahner oder Calvin bestehen.

DER GRUND EINIGER ALLEGORIEN AUS DEM MILITÄR

In einigen Worten erscheinen Gleichnisse aus dem Militärdienst. Dies geschieht aus mindestens zwei Gründen. Erstens ist derjenige, der den Lehrmeister um Ratschläge bittet, eine Person des Militärs. „Da du ein Soldat bist, werde ich mit Gleichnissen aus dem Militär und mit acht Kurzgeschichten einige Wahrheiten wiedergeben, die du dir zusammen mit meinem *nefs*[2] anhören kannst", sagt Bediuzzaman zu Beginn des ersten Wortes. Dies aber hat mit Militarismus nichts zu tun, sondern mit dem Beruf des geheimnisvollen Mithörers. Zweitens ist Bediuzzaman zufolge das ganze Universum mit sämtlichen Bestandteilen nichts anderes als eine Heerschar Gottes, die Seinen Anweisungen ohne Wenn und Aber Folge leistet, bis auf den Menschen und einige Wildtiere. Ansonsten ist er kein Freund des Militarismus, ganz im Gegenteil: Bediuzzaman ist gegen jedwedes Militärregime und gegen Despotie. Seine Haltung gegenüber den Repressionen unter Sultan Abdulhamid II. und nach dem Militärputsch von 1908 sind brillante Beweise dafür, dass er politisch immer auf der

---

2 *nefs* (n.): Selbst, Ich, Ego, Seele, Triebseele, „innerer Schweinehund". *nefs* verkörpert die niederen Begierden fleischlichen und seelischen Ursprungs. Es ist ein mit dem hebräischen *nefesch* (נפש) verwandtes Wort, das sowohl „Atem" als auch „Leben" oder „Person" bedeutet. Das Wort könnte man mit „das Selbst" übersetzen. Der Koran postuliert sieben Arten des *nefs,* die mit dem *nefs emmāra* (dem Übel gebietenden Selbst) anfangen und mit *nefs zekiyye* (dem reinen Selbst) enden.

Seite von Freiheit und Demokratie stand.[3] Wie der Lehrmeister am Ende der Einleitung selbst ausführt, werden anhand dieser Gleichnisse abstrakte Begriffe wie Religion, Geist, Charakterzüge oder spirituelle Kämpfe versinnbildlicht.

DES LEHRMEISTERS SPRACHE DES VERGLEICHES

Analogien, Parabeln, Gleichnisse oder Vergleiche des Lehrmeisters in den *Worten* haben immer einen Bezugspunkt. Dieser muss dem Kontext entnommen werden, wenn Bediuzzaman nicht explizit auf das Dritte des Vergleichs *(tertium comparationis)* eingeht. Beispielsweise wird im ersten Wort gesagt, die Welt sei eine Wüste, im zehnten Wort wird die Welt aber als paradiesähnliches Land, Wartezimmer, Flieger, Felsen, Schiff, Gasthaus, Palast, Bühne und Theater oder Herrschaft beschrieben. Diese Bezeichnungen scheinen widersprüchlich zu sein. Berücksichtigt man jedoch den Kontext dieser Vergleiche, erschließt sich ganz leicht, dass sie gemäß dem jeweiligen *tertium comparationis* ganz passend sind:

- Aufgrund der Notwendigkeiten des Lebens und der Angewiesenheit des Menschen auf einen Helfer gleicht diese Welt einer Wüste.

3 In diesem Zusammenhang ist erwähnenswert, dass der Lehrmeister während des Ersten Weltkrieges als Feldprediger und Imam für Soldaten an der kaukasischen Front eingesetzt wurde.

- Angesichts der öden und leblosen Landschaften anderer Himmelskörper ist unsere Welt mit dem Paradies zu vergleichen. Im Vergleich zum Paradies wiederum ist diese Welt wie ein Kerker.
- Aus der Perspektive der seelischen Vervollkommnung und des Kampfes gegen die Feinde der Vervollkommnung (wie Tod, Unwissen, Krankheit) stellt sie ein Übungsgelände dar bzw. gleicht einer Kaserne, wo die Menschen durch Bildung, Gottesdienst und Charaktererziehung diszipliniert werden.
- Hinsichtlich der Geschwindigkeit und Beweglichkeit im Weltall ist sie mit einem Flieger zu vergleichen. Wenn man das Weltall als Ozean beschreibt, dann lässt sich die Welt mit einem Schiff vergleichen.
- In Bezug auf ihre Vergänglichkeit und die Überführung des Menschen ins Jenseits stellt diese Welt ein Gasthaus oder ein Wartezimmer dar. Die Existenz dieser Welt als Hindernis zum Jenseits kann als ein Stein im Tal symbolisiert werden, der den Gästen des Schöpfers den Weg ins Jenseits versperrt.
- Aus der Perspektive der Zeit lässt sich unsere Welt mit einer Spindeluhr vergleichen, die für eine Woche (sieben Tage) eingestellt ist und deren Sekunden der Abfolge von Tag und Nacht entsprechen.
- Angesichts der zahlreichen Informationen und der kunstvollen Gestaltung dieser Welt ähnelt sie einem verzierten Manuskript, einem Buch, in dessen Wörtern weitere Bücher, also viele weitere Informationen enthalten sind.

- Wird aber die ganze Schöpfung als ein Baum verstanden, der vom Urknall bis heute wächst, dann bildet unsere Welt die beste Frucht dieses Baumes, weil in ihr das Leben aufkeimte.

So lassen sich die Vergleiche des Lehrmeisters erschließen und es wird ersichtlich, dass sie nicht willkürlich sind.[4]

HAUPTINSPIRATIONSQUELLE DER ALLEGORIEN: DER KORAN

Hauptsächlich speisen sich die Vergleiche und Allegorien des Lehrmeisters aus dem Koran, den er im zehnten Wort ausdrücklich als seine Hauptinspirationsquelle benennt. Es scheint, dass er die Bezugspunkte der Vergleiche vieler koranischer Gleichnisse aus einem holistischen Ansatz heraus entdeckt hat. Wir haben daher mit unserem bescheidenen Wissen versucht, im Fußnotenapparat auf solche Verse hinzuweisen. Anhand des folgenden Satzes kann seine Sprache des Vergleichs veranschaulicht werden:

„Es gibt nichts, was gegen die Wiederauferstehung spräche. Alles erfordert sie und alles spricht dafür. Die ruhmreiche und unendliche Herrschaft, die allmächtige und allumfassende Souveränität des Einen, der über Leben und Tod dieser erstaunlichen Auferstehungsbühne der Erde bestimmt, als ob es sich bei ihr nur um ein einziges Lebe-

4 Die Worte eins bis acht sind Gleichnisse bzw. Allegorien. Die Gleichnisse im dreiundzwanzigsten Wort sind zum Teil Metaphern. Das zehnte Wort ist eine Allegorie.

wesen, einen einzigen Organismus handele[5]; des Einen, der aus ihr eine angenehme Wiege[6] und ein ansehnliches Schiff[7] für Menschen und andere Lebewesen gemacht hat, der die Sonne zur Lampe[8] und zum Herd gemacht hat, um diesem Gasthaus der Welt Licht und Wärme zu spenden, der die Planeten als Flieger zur Beförderung Seiner Engel erschaffen hat,[9] kann nicht auf die veränderbaren, vergänglichen, instabilen, schwachen und unvollkommenen Verhältnisse und Anliegen dieser Welt gegründet und beschränkt sein. Er muss vielmehr über ein anderes Reich verfügen, das Ihm würdig, unveränderlich, dauerhaft, stabil, stark und vollkommen ist. Und in der Tat, Er besitzt so

---

5 Vgl. El-Mulk 67:15: „Er ist es, der euch die Erde untertan gemacht hat, so wandert dahin entlang ihren Schultern."

6 Ein Verweis auf Edh-Dhāriāt 51:48: „Und die Erde, Wir haben sie hingebreitet wie eine Wiege, und wie ausgezeichnet vermögen Wir sie hinzubreiten."

7 Ein Verweis auf Edh-Dhāriāt 51:3: „bei den leicht dahinziehenden Schiffen".

8 Ein Verweis auf El-Furqān 25:61: „Gepriesen und erhaben ist Er, der am Himmel gewaltige Sternzeichen errichtet und darin eine (große, strahlende) Lampe gesetzt hat und einen leuchtenden Mond."

9 Siehe *Kleine Briefe,* S. 96.

ein anderes Reich. Um dessentwillen lässt Er uns arbeiten[10], und in ebendieses Reich lädt Er uns schließlich ein."[11]

ÜBER DIE AUSSAGEKRAFT DER VERGLEICHE UND DER ANALOGISCHEN ALLEGORIEN[12]

Nun überlassen wir das Wort dem Lehrmeister. Er schreibt selbst über die Natur und Aussagekraft seiner Vergleiche, Analogien und Allegorien:

> Ihr fragt mich:
> In den *Worten* verwendest du oft Analogismen *(qiyās temthīl)*[13] [Schlussfolgerungen aufgrund einer Analogie

---

10 El-Ḥadīd 57:21: „Und wetteifert miteinander um Vergebung von eurem Herrn und um einen Garten, dessen Weite ebenso grenzenlos ist wie die Weite des Himmels und der Erde, bereitet für jene, die aufrichtig an Gott und Seine Gesandten glauben."

11 Yūnus 10:21: „Und Gott lädt ein zur Wohnstätte des Friedens ..."

12 https://www.bibelkommentare.de/index.php?page=dict&article_id=2407.

13 In der klassisch islamischen Logik ist von drei Arten der Analogie die Rede: *qiyas temthīl (argumentum per analogiam):* Bildung eines allgemeinen Urteils aufgrund einer Teilähnlichkeit zwischen zwei Vergleichsobjekten (Alkohol berauscht den Verstand und er ist verboten; Drogen berauschen den Verstand ebenfalls, also sind auch sie verboten). *qiyas schmuli* oder *burhan (unwiderlegbare Beweisführung):* Deduktion des Einzelfalls aus einem allgemeinen Grundsatz (Alle Menschen sind sterblich; Karl

zwischen zwei Objekten (Wesen, Dingen, Phänomenen)].[14] Analogien bieten allerdings gemäß der Logik keine Gewissheit [sie dienen nur als Hypothesen oder Wahrscheinlichkeitsbeweise]. In Themengebieten [wie den Glaubenswahrheiten], die Gewissheit erfordern, werden jedoch unwiderlegbare logische Argumente *(burhān)* benötigt [Argumentationen wie Deduktion oder Induktion, deren Prämissen und Konklusionen Gewissheit verschaffen]. Analogismus wird von den Gelehrten der Grundlagen der Rechtsmethodik in Gebieten des Rechts angewendet, wo [keine Gewissheit besteht, weshalb] die Wahrscheinlichkeitsaussage *(ẓann ghālib)* bzw. Hypothesen für die Verifizierung der Urteilsbildung ausreichen.

Die **Antwort**

Obgleich in der Wissenschaft der Logik gesagt wird, dass Analogismus keine Gewissheit aussagt, gibt es dennoch eine bestimmte Form der analogischen Beweisführung, die viel stärkere Aussagekraft bietet als die Gewissheit der unwiderlegbaren Beweisführung *(burhān yaqīnī)* in der Logik. Diese Analogieform bietet sogar mehr Gewissheit als die aussagekräftigsten

---

ist ein Mensch; also ist Karl sterblich). *qiyas awlā (argumentum a fortiori):* Beweis einer Behauptung durch eine schon bewiesene stärkere Behauptung (Das Wasser friert bei 0° Celsius. Bei –100° friert das Wasser erst recht.)

14 https://islamanar.com/chapter-on-measurement-appendices.

Formen der unwiderlegbaren deduktiven Beweisführung [die Sonne scheint, also ist es Tag. Es ist Tag, also scheint die Sonne].

Sie ist folgende:

Mittels eines besonderen Gleichnisses[15], welches als Mini-Vertretung auf die Spitze einer universellen Wahrheit verweist, wird das Urteil – darauf basierend – gebildet. Anders gesagt: Die Wirkung dieser universellen Wahrheit bzw. dieses Gesetzes wird anhand eines besonderen Objektes veranschaulicht, sodass diese gewaltige Wahrheit demonstriert wird. Somit gilt dieses Urteil bei allen anderen vergleichbaren besonderen Objekten.

Ein Beispiel hierfür ist die Analogie, die besagt, dass die Sonne in jedem widerspiegelungsfähigen Objekt durch ihre Reflexion [mit Licht, Farbe und Wärme] gegenwärtig ist, aber selbst ein einzelnes Objekt bleibt. Obwohl sich diese Analogie nur an widerspiegelungsfähigen Objekten verifizieren lässt, wird an ihr ein universelles Gesetz der Wahrheit demonstriert: Absolutes Licht und Lichtwesen sind keinen Beschränkungen unterworfen. Für sie sind Ferne oder Nähe gleichgültig. Die Anzahl der widerspiegelungsfähigen Objekte ist für sie egal. Raum kann sie nicht

---

15 Der Lehrmeister unterscheidet zwischen *djuz* (Teil) und *djuz'ī* (ein Teil, der zugleich die Minivertretung eines Ganzen bildet). Man kann sich einen Teil vom Brokkoli vorstellen. Ein Zweig davon ist ein *djuz'i*, es ist das Ebenbild des Ganzen. Anders als ein Teil eines Gemäldes, welches nur einen kleinen Teil (*djuz*) des Ganzen widerspiegelt.

erfassen, sie sind allgegenwärtig. [Das heißt, die Lichtwesen kennen keine Schranken in Distanz, Menge oder Raum.]

Die Deutung dieses Beispiels

[Die Sonne steht für den Schöpfer. Die Gegenwärtigkeit der Reflexion steht für die Allgegenwart des Schöpfers. Das widerspiegelungsfähige Objekt steht für das Geschöpf. Urteil: Gott ist durch die Reflexionen Seiner Namen und Attribute bei jedem Geschöpf allgegenwärtig, obwohl Er nur ein einzelnes, unteilbares Wesen ist. Denn Gottes Namen und Attribute sind keine Materien, sondern mit absoluten Lichtwesen vergleichbar.

Die Reflexionen der Sonne werden mit den Reflexionen/Widerspiegelungen der Attribute des Schöpfers verglichen. Vergleichsmaßstab ist die Allgegenwärtigkeit. Wenn bei Materien wie der Sonne aufgrund ihrer Lichtquelle das Gesetz der Allgegenwart abzuleiten ist, muss es bei vollkommenen Lichtwesen erst recht Gültigkeit finden. Somit enthält diese Form der analogischen Beweisführung zugleich ein *argumentum a fortiori (qiyās awlā),* vor allem in Fällen, wenn das eine Bezugsobjekt des Vergleichs Gottes Attribute sind. Diese Analogieform hat mehr Aussagekraft als der folgende deduktive Satz: Die Sonne ist da, also ist es Tag. Denn hier werden Eigenschaftsvergleiche angeführt, die für alle gelten, die über dieselben Merkmale verfügen. Solche Analogien sind von ihrer Aussagekraft her mindestens wie induktive, wenn nicht wie deduktive Schlussfolgerungen einzustufen.]

ÜBERSETZUNG UND KOMMENTARE

Die vorliegende Übersetzung ist hauptsächlich das Ergebnis von wöchentlichen Treffen einer kleinen Gruppe unter der Leitung von Frau Rümeysa Bag in Berlin und der grundlegenden Arbeit einer Gruppe aus Siegen unter der Leitung von Herrn Felix Stein. Die Arbeiten begannen am 11. März 2019. Das ganze Werk wurde aus der Originalsprache ins Deutsche übertragen. Die Siegener Gruppe leistete eine sehr wichtige Arbeit und übersetzte die ersten Worte bis zu den Szenen der Allegorien vom zehnten Wort. Die Berliner Schlussredaktion wiederum prüfte, redigierte, lektorierte die ganze Übersetzung und übersetzte das Kapitel über die Wahrheiten des zehnten Wortes. Im Gegensatz zu den *Briefen* halten wir den Fußnotenapparat kurz, denn bei den Worten handelt es sich um Grundwahrheiten des Seins, des Menschen und des Glaubens. Es gab hier und da gewisse Fachtermini, die wir im Fußnotenapparat erläutert haben. Ansonsten konzentrierten wir uns auf den Haupttext und dessen Wiedergabe in allgemein verständlichem Deutsch.

ÜBERSCHRIFTEN, ZWISCHENÜBERSCHRIFTEN, QUELLENANGABEN, FUSSNOTEN UND KOMMENTARE

Alle Überschriften und Zwischenüberschriften stammen von uns. Sie wurden eingefügt, um das Verständnis zu erleichtern und das inhaltliche Gewicht hervorzuheben, und nicht in eckige Klammer gestellt. Sollten sie den Lesefluss stören, bitten wir das zu entschuldigen.

DANKSAGUNG

Dieses Buch ist ein Versuch, die verborgenen Schätze des *Risale-i Nur* zu entdecken, ein kleiner, mangelbehafteter Spiegel, der eine große, strahlende Sonne reflektiert. Mögen unsere Übersetzung und unser Kommentar sowie der selbstlose Einsatz der MitgliederInnen unserer Gruppe das Wohlgefallen des Erhabenen, Barmherzigen Einen finden. Alles, was in dieser Arbeit zutreffend dargestellt ist und was sie fruchtbar machen könnte, verdanken wir dem Allweisen, Barmherzigen Einen. Alles, was sich im Nachhinein als unzutreffend und unzureichend herausstellen mag, ist unseren Unzulänglichkeiten geschuldet, für die ich unsere Leserinnen und Leser nicht nur um Verzeihung, sondern auch um Korrektur bitten möchte.

Für Frieden mit Frieden

Maximilian Friedler
Berlin, der 11. Mai 2021

EINFÜHRUNG IN DIE VORZÜGE DES GLAUBENS UND DES GEBETS

(DAS DREIUNDZWANZIGSTE WORT)

بِسْمِ اللهِ الرَّحْمٰنِ الرَّحِيمِ

لَقَدْ خَلَقْنَا الْاِنْسَانَ فِى اَحْسَنِ تَقْوِيمٍ ثُمَّ رَدَدْنَاهُ اَسْفَلَ سَافِلِينَ اِلاَّ الَّذِينَ اٰمَنُوا وَعَمِلُوا الصَّالِحَاتِ

Wir schufen den Menschen erst nach dem wertvollsten Bilde[16]*,*
Dann ließen wir ihn sinken in die tiefste Tiefe,
Die ausgenommen, die glauben und das Gute thun [...][17]

---

16 In der ursprünglichen Übertragung von Rückert heißt es „im schönsten Bilde". Der Lehrmeister interpretiert den Ausdruck *aḥsen-i taqwīm* im Gegensatz zur gängigen Exegese in diesem Kontext jedoch als „nach dem wertvollsten Bilde". Er ließ sich dabei vermutlich vom Wortstamm قوم يقوم تقويما *(qawwama, yuqawwimu, taqwīmen)* inspirieren, denn das Substantiv *taqwīm* stammt u. a. von *qiyma* ab, was man mit „Wert" und „Bedeutung" wiedergeben kann. Das arabische Wort *taqwīm* bedeutet u. a. „für eine Ware einen Marktpreis oder Wert festlegen".

17 Et-Tīn 95:4-6, aus der Übersetzung von Friedrich Rückert.

Erster Punkt: Der Mehrwert des Glaubens

Der Mensch erlangt durch das Licht des Glaubens den Wert der *höchsten Höhe* und ist somit des Paradieses würdig. Die Dunkelheit der Verkennung hingegen lässt den Menschen im Wert auf die *tiefste Tiefe* sinken, sodass er in eine Lage gerät, welche den Abgrund zur Folge hat. Denn der Glaube verbindet den Menschen mit seinem großartigen Schöpfer. Der Glaube ist eine Verbindung, eine Beziehung. Demzufolge spiegeln sich die Kunstfertigkeit Gottes und die Reflexion Seiner Namen in der Schöpfung durch das Licht des Glaubens im Menschen wider. Schließlich gewinnt er gemäß den Reflexionen der Kunst Gottes an Wert.

Verleugnung *(kufr)*[18] hingegen trennt diese Verbindung [und erkennt diese Zugehörigkeit nicht an]. Sie verbirgt

18 *el-kufr* bedeutet das Bedecken, das Verschleiern bzw. das Verbergen und meint – je nach Wahrnehmung – das Verleugnen, Verkennen oder das Verneinen der Wahrheit des Islams. Dieser Begriff wird aber in der Regel mit „Unglaube" übersetzt. Zwar umfasst das koranische Wort *kufr* auch die Haltung von Menschen, die an keine Religion bzw. nicht an Gott glauben, kann aber nicht darauf beschränkt werden. Wenn man bedenkt, dass auf der Arabischen Halbinsel im 7. Jahrhundert neben den Musliminnen und Muslimen keine Ungläubigen lebten (außer den weitaus unbedeutenden *ed-dahriyya*), sondern Andersgläubige, kann diese Übersetzung irreführend sein. Die *ed-dahriyya* verdanken ihren Namen dem Vers El-Djāṯīya 45:24. Sie hingen einer vorislamischen, materialis-

die Kunst Gottes und reduziert den Wert des Menschen auf das bloße materielle Dasein – vergängliches, sterbliches, flüchtiges, tierisches Leben. Durch ein Gleichnis möchten wir diese Erkenntnis noch näher erläutern:

I. DIE ALLEGORIE VOM KUNSTMARKT UND DEM SCHROTTHÄNDLER

Bei menschlichen Kunstwerken ist zwischen dem materiellen und dem künstlerischen Wert zu unterscheiden. Es kommt vor, dass Materialwert und Kunstwert gleich sind. Manchmal ist der materielle Wert größer, manchmal der künstlerische. Gelegentlich kann es sein, dass eine Antiquität aus Eisen mehrere Millionen kostet, während ihr Materialwert nur wenige Cents beträgt. Bringt man einen antiken Kunstgegenstand auf einen Kunstmarkt und präsentiert ihn unter Bezugnahme auf seinen namhaften und tüchtigen Künstler und in Gedenken an seine Kunstfertigkeit, kann der Verkauf Millionen einbringen. Bringt man dasselbe Kunstwerk jedoch zu einem Schrotthändler für Eisen, wird sein Preis nach dem Materialwert bestimmt.

Von der Allegorie zur Wahrheit

Auch der Mensch ist ein unbezahlbares und einzigartiges Kunstwerk Gottes, vergleichbar mit einer raren Antiquität.

---

tischen Philosophie an, die einen Schöpfergott ablehnte und an eine unerschaffene, immer existierende Welt glaubte. Siehe Sanci/Kardas: „Gewaltaufrufe im frühen Islam. Zwischen Religiosität und Profanität", in: *Mit Gott auf unserer Seite,* Baden-Baden 2020, S. 47–48.

Er ist das eleganteste und feinste Wunder Seiner Allmacht. Ihm wurde die Ehre erwiesen, all die Namen Gottes in einer verkleinerten und verkürzten Form widerzuspiegeln und eine Präsentation dieser Namen in der Welt zu sein.

Strömt das Licht des Glaubens in den Menschen ein, so lassen sich all die bedeutsamen kalligrafischen Ornamente in ihm entziffern. Durch sein Glaubensbewusstsein liest der gläubige Mensch die Botschaften dieser Kunstfertigkeiten zuerst selbst, und durch seine Verbindung zu Gott lehrt er andere, diese ebenfalls zu lesen. Insofern offenbart sich die Kunst Gottes, welche durch den Menschen verkörpert wird, durch Deutungen wie: „Ich bin das Werk und die Schöpfung des großartigen Künstlers und das Ergebnis Seiner Größe und Barmherzigkeit."

Der Glaube, welcher aus [geistlicher] Verbindung besteht, macht alle möglichen Facetten der [göttlichen] Kunst sichtbar. Folglich lässt sich der Wert des Menschen durch das Bündnis des Glaubens als „göttliches Kunstwerk" bestimmen und richtet sich nach der Spiegelung des Unabhängigen Einen Schöpfers. So erhebt sich der Mensch aus seiner physischen Bedeutungslosigkeit, nimmt – aus dieser Perspektive über jedes andere Geschöpf erhaben – die Position von einem würdigen „Ansprechpartner Gottes" ein und wird somit zu einem ewigen „Gast des Herrn", der Seines Paradieses würdig ist.

Verleugnung bedeutet Trennung vom Schöpfer

Dringt die Verkennung, welche aus der Trennung dieser Verbindung besteht, in [das Herz] des Menschen ein, so versinken all die bedeutsamen und sinnreichen kalligrafischen Ornamente der Gottesnamen in Dunkelheit und lassen sich nicht mehr entziffern. Wird der Künstler demzufolge vergessen, so werden die auf ihn bezogenen metaphysischen und sinnreichen Facetten seiner Kunst unverständlich – das Kunstwerk wird gewissermaßen dem Untergang geweiht. Die meisten sinnreichen erhabenen Künste und die meisterlichen metaphysischen Ornamente bleiben verborgen. Die restlichen, unübersehbaren physischen Künste und Ornamente hingegen werden banalen Ursachen, dem Zufall und der blinden Natur zugeschrieben, womit letztlich die Kunst ganz und gar untergeht und verschwindet. [Ohne Künstler kann nicht von Kunst die Rede sein, sondern allenfalls von einem „Spielzeug des Zufalls".] Während jedes dieser kalligrafischen Ornamente eigentlich ein funkelnder Diamant ist, erkennt man darin nur ein trübes Stück Glas. Folglich reduzierten sich Bedeutung und Wert des Menschen auf tierische Materie. Die tierische Existenz – wie am Anfang erwähnt – verspricht für den Menschen nicht mehr als ein kurzes, flüchtiges, bruchstückhaftes Leben. Aus dieser Perspektive verbringt der Mensch sein Leben als das bedürftigste, machtloseste und traurigste aller Tiere. Am Ende erwartet ihn nur die Verwesung. So zerstört die Perspektive der Verkennung die Essenz des Menschen und verwandelt sie von einem kostbaren Diamanten in wertlose Kohle.[19]

19 Kohle und Diamant sind zwei Kohlenstoffisotope. Der Lehrmeister weist auf den Wertunterschied zwischen den beiden Materialien hin.

Zweiter Punkt: Der Glaube ist ein Licht

So wie der Glaube ein Licht ist, das dem Menschen Erleuchtung bringt und die Kunstschriften des Unabhängigen Einen [in seiner Innenwelt sichtbar macht] und sie lesen lehrt, so lässt er auch das gesamte Universum erleuchten. Er befreit sowohl die Vergangenheit als auch die Zukunft von Finsternissen.[20]

Dieses Geheimnis, welches ich in einem visionären Erlebnis in den Weisheiten des glorreichen Koranverses *Gott ist der Schutzfreund derjenigen, die glauben. Er befreit sie aus den Finsternissen [der Verleugnung] und führt sie in das Licht [des Glaubens]*[21] erkannt habe, soll nun durch eine Allegorie erläutert werden:

II. DIE ALLEGORIE VON EINER WELT IN TIEFER FINSTERNIS

In einem visionären Erlebnis sah ich Folgendes: Ich stand auf einer furchterregenden Brücke zwischen zwei sich gegenüberliegenden hohen Bergen. Unter dieser Brücke befand sich ein tiefer Fluss. Die Welt – und somit auch ich – war von einer umfassenden und tiefen Dunkelheit durchdrungen.

Als ich nach rechts blickte, sah ich inmitten unendlicher Finsternisse eine riesige Grabstätte – das heißt, ich

20 Finsternisse (Plural) im Gegensatz zu Licht (Singular). Das ist eine koranische Handhabung, die der Lehrmeister übernimmt.

21 El-Baqara 2:257.

stellte sie mir vor. Blickte ich nach links, so schien es mir, als würde ich in den Wellen der Finsternis das Aufkommen von großen Stürmen, unermesslichem Wirrwarr und grausamen Katastrophen sehen. Sah ich hinunter, war es, als schaute ich in einen sehr tiefen Abgrund.

Dieser fürchterlichen Dunkelheit hatte ich nichts entgegenzusetzen außer einer flimmernden Taschenlampe. Ich habe sie benutzt und versucht, in ihrem flackernden Lichtschein zu sehen. Es bot sich mir ein entsetzliches Bild: Die Brücke war von gewaltigen Drachen, Löwen und Ungeheuern umgeben.

„Hätte ich bloß nicht diese Taschenlampe, so würde ich dieses Elend gar nicht sehen", sagte ich. Gleich wohin ich die Taschenlampe richtete, mich überfiel derselbe Schrecken. Und so beklagte ich mich: „O weh! Diese Lampe bringt mir nichts als Unheil!" Deswegen war ich aufgebracht, schleuderte sie auf den Boden, wo sie zerbrach.

Mit der Zerstörung der Taschenlampe schien es so, als hätte ich den Schalter einer gewaltigen elektrischen Lampe, die die ganze Welt erhellt, betätigt und plötzlich wurden die Finsternisse verdrängt. Alles füllte sich mit dem Licht dieser großen Lampe, und dieses Licht zeigte das wahre Gesicht, die Wahrheit von allem.

Folglich erkannte ich, dass das, was ich eigentlich für eine Brücke hielt, eine befestigte Straße in der Ebene ist. Ich bemerkte, dass die große Grabstätte zu meiner Rechten im Grunde prachtvolle, grüne Gärten sind, in denen unter der Leitung von erleuchteten Menschen unterschiedliche Sitzungen abgehalten werden: Zusammenkünfte, in denen

Gottesdienste[22] verrichtet, Dienste[23] geleistet, Gesprächsrunden[24] geführt und Gottesgedenken[25] vollzogen werden.

Die Abgründe und Berggipfel zu meiner Linken, die ich als von Wellen, Stürmen, Gefahren und Lärm umgeben empfunden hatte, nahm ich nun intuitiv als prunkvolle und liebenswerte Berge wahr, hinter denen es, so schien es mir, ein großes Bankett der Festlichkeit, eine wunderschöne Promenade und einen erhabenen Ort der Vergnügung gibt.

Die Kreaturen, die ich für grausame Monster und Drachen hielt, entpuppten sich als warmherzige Zuchttiere wie Kamele, Rinder, Schafe und Ziegen.[26] Nach [den Worten] *(Gedankt und gelobt sei Gott für das Licht des Glaubens)* trug ich den folgenden Koranvers vor und erwachte aus jenem visionären Erlebnis:

Gott ist der Schutzfreund derjenigen, die glauben. Er befreit sie aus den Finsternissen (der Verleugnung) und führt sie in das Licht (des Glaubens).[27]

Von der Allegorie zur Wahrheit

Diese zwei Berge entsprechen dem Anfang und dem Ende des irdischen Lebens, also dieser irdischen Welt und der

---

22 ibadet

23 hizmet

24 sohbet

25 zikir

26 Die erwähnten Tiere gelten als segensreich. Sie werden im Koran aufgezählt. Siehe El-En'âm 6:142–145.

27 Siehe auch Rückert: „Gott, Schutzfreund derer, die da glauben, Führt aus der Finstre sie zum Licht."

Zwischenwelt. Die Brücke spiegelt den Weg des Lebens wider. Jene rechte Seite ist die Vergangenheit und die linke Seite die Zukunft. Die Taschenlampe steht für das selbstsüchtige, menschliche Ego, welches nur seinem eigenen Wissen vertraut und den Offenbarungen Gottes kein Gehör schenkt. Das, was für Ungeheuer gehalten wurde, entspricht dem Geschehen im Universum und seinen außergewöhnlichen Geschöpfen.

Derjenige also, der seinem selbstsüchtigen Ego vertraut, in die Finsternisse der Gottvergessenheit verfällt und von der Dunkelheit der Verkennung abhängig wird, befindet sich in meiner Situation wie zu Beginn der Allegorie. Durch das mangelhafte und mit Verkennung befleckte Wissen, welches [dem flackernden Licht] der Taschenlampe entspricht, sieht dieser Mensch die Vergangenheit wie eine große Grabstätte, die von einer Mischung aus Finsternis und Nichts umgeben ist; und er betrachtet die Zukunft als einen turbulenten, von Zufällen abhängigen Ort des Schreckens. Dieses Halbwissen zeigt demzufolge das ganze Sein,[28] die Geschöpfe und das gesamte Werden, alle Ereignisse,[29] welche gehorsame Bedienstete des Weisen und Barmherzigen Einen sind, als gefährliche Bestien.

---

28 In der Sprache des Lehrmeisters *mewdjūdāt* – alles Seiende, alle Existierende.

29 In der Sprache des Lehrmeisters *ḥādithāt* – die der Zeit Unterworfenen, die sich in der Zeit Ereignenden, das Geschehen oder unglücklichen Ereignisse.

> Diese Szene verbildlicht den Vers:
> Und diejenigen, die verkennen, deren Schutzfreunde und Vertraute sind die tāghūt (Gott zur Seite gestellten Mächte). Sie führen sie aus dem Licht (des Glaubens) in die Finsternisse (der Verleugnung).[30]

Würde jedoch die Rechtleitung Gottes ihn erreichen, der Glaube in sein Herz dringen und das Pharaonenhafte seines *nefs* zerbrechen und würde er auf das Buch Gottes hören, so gliche er meinem zweiten Zustand während des visionären Erlebnisses. In diesem Fall würde das ganze Universum in Tageslicht getaucht und mit dem Licht Gottes erfüllt werden. Und der Kosmos würde den Vers *Gott ist das Licht der Himmel und der Erde*[31] vortragen.

Der Mensch wird dann mit dem Auge seines Herzens erkennen, dass die Vergangenheit keineswegs eine gewaltige Grabstätte ist. Vielmehr wird er in jedem Jahrhundert Gemeinschaften von rechtschaffenen und reinen Seelen[32] erkennen, die unter der Leitung eines Propheten oder eines Gottesfreundes ihrer Gottesdienerschaft nachgegangen sind, sich mit den Worten „Groß ist nur Gott!" zu paradiesischen Orten emporschwingen und sich auf [die linke Seite,] die Seite der Zukunft begeben.

Schaut er dann nach links, wird er mit dem Licht des Glaubens aus der Ferne erkennen, dass sich hinter den Ver-

---

30 El-Baqara 2:257.

31 An-Nūr 24:35.s

32 Also diejenigen, die die Stufe des *reinen nefs (nefs-i sāfiyye)* erklommen haben.

änderungen in der Zwischenwelt und im Jenseits in den Gärten des Paradieses Paläste der Glückseligkeit befinden, in denen ein Bankett der Barmherzigkeit ausgerichtet wird. Er betrachtet Ereignisse wie Sturm, Erdbeben, Pest und Epidemien als gehorsame Bedienstete.

Er sieht Ereignisse wie Frühlingsgewitter und Frühlingsregen, die harsch und zerstörerisch zu sein scheinen, als bedienstete Mittel für feine und weise Zwecke. Und den Tod betrachtet er als Beginn des ewigen Lebens und das Grab als Tor zur ewigen Glückseligkeit.

Die weiteren Aspekte und Punkte kannst du selbst vergleichen. Gleiche das Gleichnis mit der Wahrheit ab[33].

Dritter Punkt: Der Glaube ist Licht und Kraft

Der Glaube ist sowohl Licht als auch Kraft. Wer den wahren Glauben verinnerlicht hat, kann es mit der gesamten Welt aufnehmen und sich je nach Stärke seines Glaubens von den Repressionen bedrückender Ereignisse befreien. Mit den Worten *„Mein Vertrauen liegt bei Gott“* segelt er auf dem Schiff des Lebens in vollkommener Sicherheit über die berghohen Wellen der unglücklichen Ereignisse

33 Gleiche die Wahrheit an dem Gleichnis ab / Decke das Gleichnis mit der Wahrheit ab. / Decke die Wahrheit mit dem Gleichnis ab. (*Daha sair cihetleri sen kıyas eyle; hakikati, temsile tatbik et.)*

hinweg. Seine Last überlässt er *der schaffenden Hand*[34] des Absolut Allmächtigen Einen, schreitet in aller Ruhe durch die Welt und ruht dann in der Zwischenwelt. Danach fliegt er in das Paradies, um die ewige Glückseligkeit zu erlangen. Wenn er Gott aber nicht vertraut, so werden die Sorgen dieser Welt [seine Flügel einengen] und das Gewicht ihrer Last kann ihn sogar in die tiefste Tiefe[35] hinunterziehen.

Was bedeutet tewekkul?

Der Glaube erfordert also die Konzentration auf die Einheit Gottes und diese Einheitskonzentration erfordert die Gotteshingabe. Die Gotteshingabe führt wiederum zu Gottvertrauen *(tewekkul)*. Und Gottvertrauen bringt Glückseligkeit in beiden Welten[36] mit sich. Bitte nicht falsch verstehen, *tewekkul* bedeutet nicht die Kausalität eines Ereignisses ganz und gar zu leugnen. Sie bedeutet vielmehr, die Kausalität als Türhüter bzw. Schleier der *schaffenden Hand* Gottes zu verstehen.[37] Der kausalen

---

34 Laut der maturidischen und escharitischen Theologie wird die Hand Gottes als Seine Macht oder Schaffenskraft gedeutet. Dieser Ausdruck kommt mehrmals im Koran vor.

35 *esfel-i safilīn.*

36 saadet-i dareyn: eine Bezeichnung für „Glückseligkeit in Diesseits und Jenseits"

37 Der Lehrmeister sieht die scheinbar kausalen Bestandteile einer Wirkung als nichts anderes als die Türhütung eines Königs. Demzufolge dienen sie lediglich als Schleier der wirkenden und schaffenden Hand des Königs. Und auf sich selbst gestellt, haben sie weder Wirkung noch

Ursächlichkeit Folge zu leisten und sie anzufragen, ist als eine Art tatbasiertes Bittgebet[38] zu betrachten, wobei die Wirkungen [der tatbasierten Bittgebete] nur vom Einzig Wahren zu erwarten, deren Ergebnisse Ihm zuzuerkennen sind und Ihm gegenüber Dankesschuld zu empfinden ist.

Die Gleichnisse zwischen einem, der Gottvertrauen *(tewekkul)* besitzt und einem, der Gott nicht vertraut, sollen anhand der folgenden Geschichte illustriert werden:

III. DIE ALLEGORIE VOM MENSCHEN AUF DEM SCHIFF

Einst kauften zwei Menschen, die von Kopf bis Fuß mit schwerem Gepäck beladen waren, eine Fahrkarte für ein Schiff und bestiegen es. Einer der beiden legte sofort sein Gepäck ab, setzte sich darauf und überwachte es. Der andere, der Dümmere und auch Stolzere der beiden, legte sein Gepäck nicht ab. Als man ihm sagte: „Leg deine Last ab und mach es dir bequem", antwortete er nur: „Nein, ich lege meine Last nicht ab. Sie könnte mir schließlich abhandenkommen. Ich bin stark genug. Ich werde mein Hab und Gut auf meinem Rücken und Kopf tragen und schützen."

Weiterhin wurde ihm [von der Besatzung] gesagt: „Dieses verlässliche, majestätische Schiff, das uns alle und euch beide [samt Gepäck] trägt, ist noch viel stärker. Es bietet einen viel besseren Schutz [als du je könntest]. Du könntest vor Erschöpfung Schwindel bekommen und mit

---

Autorität noch Macht. Ihnen muss jedoch Respekt gezollt werden, weil sie vom König beauftragt sind und in seinem Namen handeln.

38 *dua-i fiilī.*

deinem Gepäck zusammen ins Meer fallen. Außerdem verlierst du mit der Zeit an Kraft. Dein krummer Rücken und dein debiler Kopf werden den immer schwerer werdenden Lasten irgendwann nachgeben. Würde dich der Kapitän so sehen, er würde dich entweder deines Wahnsinns wegen verjagen oder den Befehl erteilen: ‚Nehmt diesen Verräter fest, denn er beschuldigt unser Schiff der Makelhaftigkeit oder er verspottet uns!' Du wirst zum Gespött aller. In den genau prüfenden und achtsamen Augen machst du dich zum Narren, da sie in deinem Hochmut deine Schwäche, in deinem Stolz deine Machtlosigkeit, in deiner Künstelei deine Augendienerei und Selbsterniedrigung erkennen. Alle lachen dich aus!"

Nach diesen Worten kam dieser Bemitleidenswerte zur Vernunft. Nun legte auch er sein Gepäck ab und setzte sich darauf. „Möge Gott zufrieden mit dir sein!", sagte er. „Ich wurde bewahrt vor der Last, dem Gefängnis und dem Spott."

Und du, der du Gott nicht vertraust: Komm auch du zur Vernunft, wie dieser Mensch, und vertraue dem Herrn! So sollst du dann befreit sein vom Anbetteln des ganzen Universums, von dem Zittern gegenüber allen bedrückenden Ereignissen, von Effekthascherei und Spott, von der jenseitigen Unglücklichkeit und dem Gefängnis der diesseitigen Repressionen.

Vierter Punkt: Der Glaube schöpft das Potenzial zum wahren Menschen aus

Erst der Glaube macht den Menschen zum Menschen. Ja, der Glaube krönt den Menschen sogar zu einem König. Darum ist der Kernauftrag des Menschen der Glaube und das Gebet. Die Verkennung hingegen macht aus dem Menschen ein äußerst machtloses, bestialisches Lebewesen.

Unter den zahlreichen Argumenten dafür genügt als klarer und eindeutiger Beweis die Betrachtung der Unterschiede zwischen dem Zustand von Tier und Mensch, wenn sie auf die Welt kommen. Ja, das wahre Menschsein kommt durch den Glauben zustande.

Denn das Tier kommt auf die Welt so vollkommen, dass es sich bereits in einer anderen Welt vervollkommnet haben muss. Also wird es seinen Fertigkeiten entsprechend vervollkommnet auf die Welt geschickt. Innerhalb von zwei Stunden, zwei Tagen oder auch zwei Monaten kennt es seine Lebensbedingungen und baut eine Beziehung zu seiner Umwelt auf. Es lernt die Gesetze seines Lebens kennen und eignet sich ausreichende Fertigkeiten an. Die Lebenskraft und das nötige Handlungsvermögen, deren Aneignung beim Menschen 20 Jahre in Anspruch nehmen, erlernt ein Tier wie eine Biene oder ein Spatz schon in 20 Tagen. Vielmehr werden sie ihm eingegeben. Demzufolge besteht der Kernauftrag des Tieres nicht darin, sich lernend und weiterbildend zu vervollkommnen oder sich durch Erkenntnisgewinnung weiterzuentwickeln. Auch nicht seine Bedürftigkeit zeigend Hilfe zu suchen oder darum zu beten. Vielmehr ist es seine Lebensaufgabe, seinen Fertigkeiten entsprechend zu handeln und zu agieren, also eine *Gottesdienerschaft mit Taten.*

Der Mensch dagegen ist mit dem Tag seiner Geburt darauf angewiesen, alles zu erlernen. Hinsichtlich der Gesetze des Lebens ist er unwissend und selbst nach 20 Jahren hat er kein vollkommenes Wissen über die Lebensbedingungen erlangt. Vielmehr ist er dazu bestimmt, bis an sein Lebensende zu lernen. Außerdem wird der Mensch in einer so machtlosen und schwachen Form auf die Welt geschickt, dass er erst nach ein bis zwei Jahren auf eigenen Beinen stehen kann. Erst nach 15 Jahren entwickelt er ein Bewusstsein für Nutzen und Schaden. Nur durch die Unterstützung innerhalb des menschlichen Gemeinschaftslebens kann er sich dem Nützlichen zu- und vom Schädlichen abwenden. Demzufolge ist der Schöpfungsauftrag des Menschen, sich lernend zu vervollkommnen und *Gottesdienerschaft mit Bittgebeten* zu leisten.

Das heißt, der Mensch sollte lernen und wissen: „Mit wessen Barmherzigkeit werde ich so weise dirigiert?", „Durch wessen Großzügigkeit werde ich so liebevoll erzogen?", „Wessen Wohlwollen und Gunst ernähren mich so fürsorglich und lieblich und leiten mich?"

Da der Mensch nun Tausende Bedürfnisse hat und nicht mal eins aus eigener Kraft zu stillen vermag, soll er den *alle Bedürfnisse Stillenden Einen* mit der Sprache [der Anerkennung seiner eigenen] Machtlosigkeit und Armseligkeit anflehen, ersuchen und erbeten. Also mit den Flügeln der Machtlosigkeit und Armseligkeit zur höchsten Stufe der Gottesdienerschaft fliegen. Das heißt, der Mensch wurde auf diese Welt geschickt, um sich durch Wissen und ersuchendes Gebet zu vervollkommnen. Alle Dinge sind in Bezug auf ihre Washeit[39] bzw. Beschaffenheit und ihr Entwicklungspotenzial von Wissen abhängig. Die Essenz, die Quelle, das Licht und der Geist aller *wahren Wissenschaften* ist die Gotteserkenntnis [das Wissen über Gott und Seine Namen und Attribute]. Die Quintessenz dieser *Gotteserkenntnis* ist der *Glaube an Gott*.

DER MENSCH IST WIE EIN ZÄRTLICHES KIND IM UNIVERSUM

Außerdem ist der Mensch aufgrund seiner endlosen Machtlosigkeit unbegrenzten Unglücken ausgesetzt. Er ist

39 *mahiyet,* arab. *māhiye:* In der islamischen Philosophie bezeichnet der Begriff *māhiye* alle Eigenschaften eines Dinges, die auf die Frage „Was ist es?" als Antwort genannt werden können. Daher wird er auch mit „Washeit" oder „Wesenheit" übersetzt. Das lateinische Pendant zu *māhiye* ist *quidditas.* Dieser Begriff wurde in Europa aus der islamischen Philosophie eins zu eins übernommen. Der Begriff *hūwiye* wiederum bezeichnet die Identitäts- und Abgrenzungsmerkmale eines Dinges. Bediuzzaman bedient sich beider Begriffe an zahlreichen Stellen in seinen Werken. Möglicherweise ist der Begriff *māhiye* aus dem Koran abgeleitet. In El-Baqara 2:68–70 geht es darum, dass die Juden wissen wollten, woran sie eine Kuh, die zu schlachten ihnen aufgetragen worden war, erkennen sollten. Also erkundigten sie sich nach den Identifizierungsmerkmalen dieser Kuh. Und je detaillierter sie fragten, desto mehr Merkmale wurden ihnen genannt.

von den Übergriffen seiner unbegrenzten Feinde befallen. Neben seiner unendlichen Armseligkeit ist er von zahllosen Bedürfnissen ergriffen und mit unendlichem Verlangen ausgestattet. Daher besteht der *Kernauftrag seiner Grundveranlagung*[40] – nach dem Glauben – im ersuchenden Gebet. Das Gebet wiederum ist das Fundament der Gottesdienerschaft.

Man überlege, wie ein Kind seinen Wunsch nach etwas, was es nicht erreichen kann, äußert. Entweder weint das Kind drauflos oder es verlangt es verbal. In beiden Fällen spricht es ein Bittgebet, durch die Handlungs- oder Mundsprache, und erreicht sein Ziel.

So ist auch der Mensch innerhalb der gesamten Schöpfung wie ein zartes, sensibles und empfindsames Kind. Der Mensch soll am Tor des Barmherzigen Erbarmers im Bewusstsein seiner Schwäche und Machtlosigkeit entweder weinen oder entsprechend seiner Armseligkeit und Bedürfnisse bitten, bis seine Wünsche und Ziele ihm gewährt werden. Außerdem soll er den Dank für die bereits gewährten Wünsche und Dienste durch das Gebet zum Ausdruck bringen.

Ebenfalls ist es der Grundveranlagung des Menschen zuwider, Undankbarkeit gegenüber den Gunstbeweisen Gottes zu zeigen und sich dadurch eine gewaltige Sanktion zum Verdienst zu machen. Ähnlich wie ein dummes, ungezogenes Kind, das sogar vor einer Fliege machtlos steht, darüber jammert, und dennoch meint: „Durch meine eigene Kraft lasse ich mir all diese erstaunlichen Dinge die-

40 *vazife-i asliye-i fıtriye.*

nen, mit meiner eigenen Intelligenz und meinen eigenen Vorkehrungen mache ich sie mir gefügig", obwohl deren Dienstbarmachung eigentlich für ihn unmöglich ist und sie tausendmal stärker sind als dieses Kindlein. [Sein ganzes Umfeld steht aufgrund seiner Bedürftigkeit und Machtlosigkeit zu seinen Diensten, nicht aufgrund seiner Macht, Intelligenz oder Vorkehrung.]

Fünfter Punkt: Der Glaube und die Grundveranlagung des Menschen erfordern das Gebet

Der Glaube veranlasst mittelbar aber gewiss das Bittgebet. Das starke Bedürfnis zum Beten entstammt der Grundveranlagung des Menschen. Auch Gott der Wahre fordert den Menschen auf: *Was kümmert sich mein Herr um euch, wenn ihr nicht (zu ihm) betet?* (El-Furqān 25:77), und: *Bittet mich, sodass ich euer Gebet beantworte* (El-Mu'min 40:60).

Vielleicht sagst du: „Das Objektiv dieses [zweiten] Verses bringt *Allgemeinheit* zum Ausdruck, er meint damit, dass jede Bitte beantwortet wird. Wir bitten Gott oft, aber unsere Gebete werden nicht erhört."

Die Antwort lautet: Die *Beantwortung* ist etwas anderes als *Erhören.* Es wird zwar jedes Bittgebet gehört und beantwortet, doch das Erhören, also die Gewährung des *genau* Erbetenen obliegt der Weisheit des Herrn.

Wenn zum Beispiel ein krankes Kind zum Arzt geht und ihn um eine bestimmte Medizin bittet, so wird der Arzt ihm entweder genau dieses Medikament geben oder er verschreibt ihm eine andere Medizin, die dem Wohlbefinden des Kindes förderlicher sein wird. Wenn er zu dem Schluss kommt, dass das erbetene Medikament mehr Schaden als Nutzen haben wird, dann verabreicht er ihm sogar nichts.

Da der erhabene Wahre als absolut weiser Arzt überall allgegenwärtig ist und alles überwacht, beantwortet er jedenfalls die Bittgebete Seiner Diener. Die Verzweiflung des Alleinseins und der Einsamkeit wandelt sich durch Seine allgegenwärtige Nähe und Seine Antwort in Freundschaft.

Der Mensch kann jedoch die göttliche Antwort nach *Lust und Laune sowie Gelüsten des Diktier-nefs* nicht erzwingen. Die *erziehende schöpferische Weisheit* entscheidet, ob das genau Erbetene oder etwas Besseres oder aber gar nichts gegeben wird.

Anlass des Gebets gilt als Zeitfenster fürs Gebet nicht als Hauptgrund

Außerdem ist das Bittgebet eine Art von Gottesdienerschaft. Die Früchte der Gottesdienerschaft erntet man erst im Jenseits. Diesseitige Vorsätze dienen als Anlässe und Zeitfenster für derartige Bittgebete und Gottesdienste. Das Erreichen irdischer Ziele ist nicht der Sinn und Zweck dieser.

Ein Beispiel: Das Regengebet und das anschließende Bittgebet sind Gottesdienste. Die Dürre bietet den Anlass und dient als Zeitfenster für diesen Gottesdienst. Dieses Gebet und Bittgebet sind aber nicht dafür da, den Regen wieder herbeizuführen. Wenn dieser Gottesdienst und das anschließende Bittgebet allein mit dieser Absicht vollzogen werden, verdienen sie nicht, erhört zu werden, da ihnen keine reine Absicht zugrunde liegt. [Der Anlass wird zum Hauptziel.]

Beispielsweise läutet der Sonnenuntergang das Zeitfenster des Abendgebets ein, und eine Sonnen- bzw. Mondfinsternis bietet einen Anlass und dient als Zeitfenster für diese zwei besonderen Gottesdienste: das *Kusūf*- und das *Ḥusūf*-Gebet. Mit der Verhüllung dieser zwei erleuchtenden Zeichen, der Sonne und dem Mond, gibt der Großartige und Ehrenwerte Eine Seinen Dienern die Möglichkeit, Seine göttliche Erhabenheit zu erkennen, und ruft sie somit in diesem Zeitabschnitt zu einer Art besonderen Gottesdienst auf. Diese Gebete sind somit nicht dazu da, die Sonnen- und Mondfinsternisse zu vertreiben, deren Dauer und Häufigkeit astronomisch berechenbar sind.

So ist auch die Dürre ein Anlass für das Regengebet. Das Aufkommen von Heimsuchungen und der Ansturm von Gefahren und Schäden sind also besondere Zeitfenster für manche Bittgebete zu Gott, da in solchen Situationen der Mensch sich nochmals seiner Machtlosigkeit bewusst wird und mit flehenden Gebeten Zuflucht am Tor des Absolut Mächtigen Einen sucht. Wenn die Plagen trotz der vielen Bittgebete, nicht verschwinden, so sollte man sich hüten zu sagen, dass die Gebete nicht erhört wurden. Vielmehr müsste gesagt werden: „Der Anlass für meine Bittgebete ist noch nicht vorüber." Wenn der Großzügige Wahre mit Seiner besonderen Begünstigung die Plage aufhebt, dann kommt *Licht übers Licht* [doppeltes Glück]. Somit würde der Anlass für diese Bittgebete beendet sein. Seine Zeit wäre abgelaufen.

Das Bittgebet ist also Essenz und Grundsatz der Dienerschaft zu Gott. Diese Dienerschaft muss auf einer reinen Absicht basieren, dem Wunsch nach Gottes Wohlgefallen. Der Mensch muss seine Machtlosigkeit zeigen und mit dem Bittgebet Zuflucht bei Ihm ersuchen. In Seine *erziehende Herrschaft* darf man sich jedoch nicht einmischen. Das Anliegen ist Seiner umsichtigen Verwaltung zu überlassen, Seiner Weisheit voll und ganz anzuvertrauen. Sein Erbarmen ist aber nicht anzufechten. [Es steht uns nicht zu, zu kritisieren, in welcher Art und Weise Er uns Sein Erbarmen zeigt.]

Arten der Bittgebete

Durch die Erklärung der klaren Zeichen und Verse [des Korans] steht Folgendes fest: Jeder Existierende im ganzen Sein spricht besondere Lobpreisungen aus, verrichtet spezielle Gottesdienste und vollzieht in ihrer eigenen Art und Weise Niederwerfungen. Im Grunde ist alles, was von diesem Universum zu den Toren Seiner Göttlichen Barmherzigkeit vordringt, ein Bittgebet:

- entweder in der Sprache des *Entwicklungspotenzials* – wie es bei [den Samen], den Pflanzen und Tieren der Fall ist. Jedes Tier und jede Pflanze erbittet von der absoluten Segensquelle Gottes eine Form, durch welche sie die entfalteten Manifestationen Seiner Namen präsentieren dürfen.
- oder in der Sprache des *Bedürfnisses ihrer Grundveranlagung* – wie es bei der Gesamtheit der Lebewesen der Fall ist. Sie beten für ihre notwendigen Bedürf-

nisse, die sie mit eigener Kraft nicht stillen können. So bitten sie in der Sprache jener Bedürfnisse den absolut Großzügigen Einen um Versorgung mit dem, was sie benötigen, um ihr Fortleben zu sichern.

- oder in der Sprache der *Bedrängnis* – wie jedes Wesen, das eine Seele besitzt und in scheinbar ausweglosen Situationen bei einem unbekannten Beschützer flehend nach Zuflucht sucht. Im Grunde ist das die Zuwendung zum Barmherzigen Herrn.

Diese **drei Formen des Bittgebets** sind, soweit es keinen Hinderungsgrund gibt, annehmbar.

Die vierte Form des Bittgebets ist die allseits bekannte: unser Bittgebet. Es hat zwei Ausprägungen.

- Das eine ist das taten- und wesensbasierte Bittgebet,
- das andere ist das herz- und wortbasierte Bittgebet.

TATBASIERTES BITTGEBET

Beispielsweise ist das Befolgen der kausalen Ursächlichkeit ein tatenorientiertes Bittgebet.

Die Zusammenkunft der Ursachen bedeutet schon lange nicht, dass zwingend die Wirkung herbeigeführt wird. Vielmehr bildet die Zusammenkunft der Ursachen ein Bittgebet für die Herbeiführung einer bestimmten Wirkung und eines bestimmten Ergebnisses.

Die Zusammenkunft der kausalen Ursachen bildet eine Wesenssprache, die den Schöpfer zufriedenstellt und somit die Herbeiführung der Wirkung von dem Wahren Erhabenen erbittet.

Auch einen Acker zu pflügen bedeutet demnach, an den Toren der Schatzkammer des Großzügigen zu läuten. [Die Zusammenführung der Ursachen (wie die Erde, das Licht, das Wasser und das Samenkorn und auch der Ackerpflug) bildet ein tatbasiertes Bittgebet.] Diese Art von Bittgebet wird mit sehr hoher Wahrscheinlichkeit erhört werden, denn es bezieht sich auf die Gesetzmäßigkeiten der Namen und Eigenschaften des Absolut Noblen [, die in Seiner Schöpfung reflektiert werden].

WORTBASIERTES BITTGEBET

Der zweite Teil der Bittgebete betrifft das verbale Beten aus reinem Herzen. Wünsche und Hoffnungen, auf die der Betende keinen großen Einfluss hat, können so erfüllt werden. Der wichtigste Aspekt, der schönste Sinn und die süßeste Frucht dabei ist, dass der Flehende versteht, dass es Den Einen gibt, Der die tiefsten Sehnsüchte seines Herzens kennt, Dessen Hand überall hinreicht und Der jeden Traum wahr werden lassen kann. Dieser Eine ist nachsichtig gegenüber der Machtlosigkeit des Betenden und hilft ihm aufgrund seiner Armseligkeit.

Du machtloser Mensch und armseliges Fleisch, lass dir diesen Schlüssel zu den Schatzkammern des Gnädigen und diese Quelle unendlicher Kraft nicht entgehen! Denn genau das ist das Bittgebet. Klammere dich an das Bittgebet. Steig auf zu der *höchsten Höhe* des Menschseins und schließe die Bittgebete des ganzen Universums in dein Gebet mit ein. Sprich wie ein wahres Vorbild der Dienerschaft und wie ein Stellvertreter des Ganzen: *Dich allein bitten wir um Hilfe* (El-Fātiha 1:5). Sei das wertvollste und schönste Bild der Schöpfung.

بِسْمِ اللهِ الرَّحْمٰنِ الرَّحِيمِ

Im Namen Gottes, des Erbarmers, des Barmherzigen

Bei Ihm suchen wir Hilfe.

Gepriesen sei Gott, der Herr aller Welten, Friede und Segen seien mit unserem Lehrer Muhammed, mit seiner ganzen Familie und mit seinen Gefährten!

Liebster Bruder![41] Du wolltest von mir einige Ratschläge hören. Da du ein Soldat bist, werde ich mit Gleichnissen aus dem Militär[42] und mit acht Kurzgeschichten

---

41 Der ursprüngliche Ansprechpartner der „Acht Worte" ist unbekannt. Aus den Ausführungen des Lehrmeisters geht hervor, dass er sich mit einem mysteriösen Geistesverwandten unterhielt, der aber erst in der Zukunft in Erscheinung treten würde. Dieser mysteriöse Ansprechpartner hätte beruflich etwas mit dem Militär zu tun, weshalb die z. T. militärische Sprache der „Acht Worte" die Leserschaft nicht überraschen sollte.

42 Gelegentlich bedient sich Bediuzzaman Gleichnissen aus dem Militär, u. a., um die Bedeutsamkeit des Verhältnisses zwischen Befehlshaber und Befehlsempfänger zum Ausdruck zu bringen. Das Prinzip des Gehorsams im Universum und der Erfüllung religiöser Verantwortung wird hin und wieder durch solche Vergleiche dargestellt. In diesem Sinne sieht Bediuzzaman jedes Atom im Universum als Befehlsempfänger Gottes; die Atome sind die Heerscharen eines Oberbefehlshabers, wie es aus dem Vers El-Feth̩ 48:7 hervorgeht: „Und Gott gehören die Heerscharen der Himmel und der Erde." Ansonsten ist Bediuzzaman kein Freund des Militarismus, ganz

einige Wahrheiten wiedergeben, die du dir zusammen mit meinem *nefs* anhören kannst. Denn ich finde, dass mein *nefs* mehr Rat braucht als jedes andere. Einst hatte ich mich meinem *nefs* mit etwas längeren „Acht Worten" zugewandt, die von acht Koranversen inspiriert worden waren. Nun will ich mich kürzer halten und meinen Rat in einer allgemein verständlichen Sprache vortragen. Möge mir zuhören, wer auch immer es wünscht!

---

im Gegenteil: Er ist gegen jedwedes Militärregime und gegen Despotie. Seine Haltung gegenüber den Repressionen unter Sultan Abdulhamid II. und nach dem Militärputsch von 1908 sind brillante Beweise dafür, dass Nursi politisch immer auf der Seite von Freiheit und Demokratie stand.

DAS ERSTE WORT

بِسْمِ اللهِ الرَّحْمَنِ الرَّحِيمِ

Der Wert der Formel Bismillah

Bismillah – im Namen Gottes! Diese Formel steht am Anfang alles *Besseren*. Deshalb wollen auch wir sie an den Anfang stellen und beginnen damit, sie zu erklären. Wisse, du mein *nefs*, dieser gesegnete Begriff, ist ein besonderes Kennzeichen des Islams und das ständige Bittgebet aller Geschöpfe, das sie mit ihrer *Wesenssprache*[43] rezitieren. Wenn du begreifen möchtest, welche unerschöpfliche Quelle der Macht und des Segens das *Bismillah* beinhaltet, lies und höre folgendes Gleichnis:

43 *lisān-i ḥāl:* Wesens-, Zustands- bzw. Handlungssprache, Gegensatz von *lisān-i qāl:* Mundsprache, verbale Sprache. Damit wird zumeist die Sprache des Kontextes, des Verhaltens oder der Handlung zum Ausdruck gebracht.

IV. Die Allegorie von zwei Menschen in der Wüste

Ein Mensch, der durch die von Beduinen besiedelten Wüstengebiete Arabiens reist, sollte sich des Namens eines Stammesfürsten versichern und sich unter dessen Schutz begeben. Nur dann kann er Schutz vor Räubern finden, und nur dann werden seine Bedürfnisse gestillt werden. Reist er dagegen allein, so wird er wegen seiner unzähligen Feinde und angesichts seiner Bedürfnisse hilflos sein.[44]

Zwei Menschen begaben sich einst auf eine solche Reise durch die Wüste. Der eine war vom Charakter her bescheiden, der andere hingegen hochmütig. Der Bescheidene versicherte sich des Namens eines Stammesfürsten, der Hochmütige verzichtete darauf. Ersterer reiste überall sicher. Immer, wenn er auf Räuber stieß, sagte er: „Ich reise im Namen jenes Stammesfürsten", woraufhin die Räuber weiterzogen, ohne es zu wagen, ihn zu belästi-

---

44 Der Lehrmeister weist auf die beduinisch-arabische Stammesgesellschaft hin, in der u. a. mit Verträgen und Schirmherrschaften der Stammesführer geregelt wurde, was wir heute als Grundrechte kennen. Man kann kaum von einer Gleichheit der Menschen in Bezug auf das Recht auf Leben und/oder Vermögen sprechen, denn ein Fremdling in der Wüste musste sich einem Stamm bzw. Stammesführer anschließen, um sein Leben und Vermögen zu sichern. Diese Schirmherrschaft bedeutete so etwas wie eine Staatsbürgerschaft und fungierte als „Reisepass" in der Wüste (siehe Kardas, Arhan, Dissertationsschrift, Erlangen 2018, S. 441–442).

gen. In jedem Zelt, das er betrat, wurde er aufgrund jenes Namens respektvoll behandelt. Für den Hochmütigen hingegen war die ganze Reise ein unbeschreibliches Desaster. Er zitterte vor nicht enden wollender Furcht und musste um alles, was er so dringend benötigte, betteln. Er war in einer erbärmlichen und bedauernswerten Lage.

Von der Allegorie zur Wahrheit

Sieh, mein hochmütiges *nefs!* Der Reisende bist du und die Wüste ist diese Welt. Deine Machtlosigkeit und Bedürftigkeit kennen keine Grenzen. Deine Feinde und Bedürfnisse sind zahllos. Daher rufe den Namen des Ewigen Eigentümers und des Anfangslosen Herrschers dieser Welt, dieser Wüste, an! Nur auf diese Weise wirst du dich davon befreien können, um alles betteln und dich vor jedem Ereignis fürchten zu müssen. Die Formel *Bismillah* ist ein so gesegneter Schatz, dass sie dich mit deiner unendlichen Machtlosigkeit und Bedürftigkeit an die unendliche Macht und Barmherzigkeit bindet. Und sie macht an der Pforte des Barmherzigen Allmächtigen Einen die Machtlosigkeit und Bedürftigkeit zu Fürsprechern, deren Fürbitten erhört werden.

Wer mit *Bismillah* agiert, gleicht jemandem, der sich freiwillig an das Militär bindet und im Namen des Staates handelt. Er muss niemanden mehr fürchten. Er sagt gewissermaßen: „Im Namen des Gesetzes! Im Namen des Staates!“, löst damit alles und trotzt allen Widrigkeiten.

Zu Beginn haben wir darauf hingewiesen, dass die gesamte Schöpfung durch ihre Wesenssprache das *Bismillah* rezitiert. Wie aber ist das möglich?

Die Allegorie von der Person, die eine ganze Stadt für sich arbeiten lässt

Angenommen, du siehst eine Person in eine Stadt kommen, die daraufhin alle Bewohner an einen Ort versammelt und zur Verrichtung bestimmter Arbeiten zwingt. Mit absoluter Gewissheit erkennst du, dass diese Person nicht in ihrem eigenen Namen oder aus eigener Machtbefugnis heraus agiert. Sie ist vielmehr ein Soldat, der im Namen eines Staates oder der Autorität eines Machthabers, eines Königs, agiert.

Von der Allegorie zur Wahrheit

Auf die gleiche Weise handelt alles Existierende im Namen Gottes, des Allmächtigen, sodass winzige Samen und Körner riesige Bäume in sich tragen und Gewichte so schwer wie Berge heben. Das heißt: Jeder Baum sagt *Bismillah,* füllt seine Hände mit Früchten aus der Schatzkammer der Barmherzigkeit und bietet sie uns wie ein Diener auf einem Tablett dar.[45]

Auch jeder Gemüsegarten sagt *Bismillah* und wird damit zu einem Kessel in der Küche der Macht des Einen, in dem zahlreiche schmackhafte Mahlzeiten zubereitet werden.

---

45 El-Wāqiʿa 56:63–65: „Habt ihr jemals über das Samenkorn nachgedacht, das ihr (in die Erde) aussät? Seid ihr es, die es wachsen lasst, oder sind Wir diejenigen, die ihm Wachstum verleihen? Wenn Wir es wollten, würden Wir es gewiss zu Spreu machen, und dann würdet ihr nicht aufhören, zu klagen."

Gesegnete Tiere wie zum Beispiel Kühe, Kamele, Schafe oder Ziegen sagen ebenfalls *Bismillah* und werden zu Milchbrunnen der überbordenden Barmherzigkeit Gottes.[46] Sie stellen uns im Namen des Ernährers *(er-Razzāq)* das feinste und reinste Nahrungsmittel zur Verfügung, gleich dem Wasser des Lebens[47].[48] Die seidenweichen Wurzeln und Fasern jeder Pflanze, jedes Baums und jedes Grashalms sagen *Bismillah* und durchdringen so hartes Gestein und Erdreich; indem sie fortwährend „Im Namen Gottes", „Im Namen des Barmherzigen",[49] rezitieren, macht sich ihnen alles dienstbar.[50]

---

46 Die erwähnten Tiere gelten segensreich und werden im Koran aufgezählt: siehe El-Enʿām 6:142–144. Zur Milch siehe En-Naḥl 16:66.

47 *aqua vita* oder „Jungbrunnen". Es wird berichtet, dass der ehrwürdige Khidr und Dhulqarneyn sich auf den Weg begaben, um an das Wasser des Lebens zu gelangen. Der ehrwürdige Khidr fand es und trank davon, weshalb er bis zum Ende der Zeit fortleben kann.

48 Gemeint ist die Milch.

49 Aus folgendem Vers entnimmt der Lehrmeister, dass man Gott unter anderem mit Allah bzw. Gott und mit *Rahmān* anrufen kann: „Sprich: ‚Ruft Ihn an als Allah (Gott), oder ruft Ihn an als *er-Rahmān* (der Erbarmer). Mit welchem Namen auch immer ihr Ihn anruft – Ihm gehören die Schönen Namen. Und sprich dein Gebet weder mit zu lauter noch mit zu leiser Stimme, sondern befolge einen Mittelweg'„ (el-Isrāʾ 17:110).

50 Gott macht für uns alles dienstbar: „Gott ist es, der die Himmel und die Erde erschaffen hat und Wasser vom

Die Wurzeln dringen ungehindert durch hartes Gestein und Erde, verästeln sich und tragen mit solch einer Mühelosigkeit unter der Erde Früchte, als wären sie fruchttragende Zweige eines Baums, die sich gen Himmel recken. Trotz intensiver Hitze vertrocknen die zarten grünen Blätter nicht. Diese Tatsachen lassen die Naturalisten[51] verstummen und setzen ihnen entgegen:

„Auch Härte und Hitze, deren Macht ihr so sehr vertraut, wirken nur auf Befehl Gottes. Deshalb durchdringt jede

---

Himmel herniederschickt, mit dem Er Früchte zu eurer Versorgung hervorbringt. Und Er hat euch die Schiffe dienstbar gemacht, sodass sie auf dem Meer dahineilen nach Seinem Gebot, und Er hat euch die Flüsse dienstbar gemacht; Und Er hat die Sonne und den Mond beständig gemacht auf ihren Bahnen (und so) dienstbar für euch gemacht, und Er hat die Nacht und den Tag in euren Dienst gestellt. Er hat euch von allem gegeben, worum ihr Ihn gebeten habt. Würdet ihr versuchen, Gottes Gnadenbeweise aufzuzählen, dann könntet ihr sie niemals zusammenrechnen. Doch die Menschheit neigt gewiss dazu, Unrecht zu tun (Sünden zu begehen und Fehlurteile abzugeben) und undankbar zu sein" (Ibrāhīm 14:32–34). Ein in dem Zusammenhang schöner Vierzeiler lautet wie folgt: „Wir wissen nicht, / womit der Steinbrech Steine bricht. / Er übt die Kunst auf seine Weise, / ohne Lärm. Gott liebt das Leise" (Karl Heinrich Waggerl).

51 Eine philosophische Ausrichtung, die der Auffassung ist, dass die Welt eine als ein rein von der Natur gegebenes Geschehen zu verstehen ist. Sie postuliert, dass es keinen Schöpfer gäbe.

einzelne Faser so fein wie Seide den Felsen, indem sie sich gleich dem Stab Mose dem Befehl *Schlag mit deinem Stock auf den Felsen!*[52] fügt. Jedes feine, hauchdünne Blatt am Baum rezitiert gleich den Gliedmaßen Abrahams gegen über der flammenden Hitze den Vers *O Feuer, sei kühl und ein Frieden*[53].

Da also alle Dinge sinngemäß *Bismillah* sagen und uns die Gnadengaben Gottes in Seinem Namen darbieten, sollten auch wir *Bismillah* sagen. Auch wir sollten in Gottes Namen geben und in Seinem Namen nehmen. Wir sollten nichts von achtlosen Menschen annehmen, die nicht in Gottes Namen geben.[54]

---

52 El-Baqara 2:60: „Und (gedenkt der Zeit) als Moses (bei einer Gelegenheit, da sein Volk ohne Wasser in der Wüste weilte) für sein Volk um Wasser betete. Da sagten Wir: ‚Schlage mit deinem Stab auf den Fels.' (Sobald er zugeschlagen hatte) da sprudelten aus ihm zwölf Quellen hervor. So kannte jeder Stamm seine Trinkstelle. ‚Esst und trinkt von dem, was Gott euch bereitet hat, und richtet nicht Unheil an auf Erden, indem ihr Verderben und Unordnung stiftet.'„

53 El-Enbiyā᾿ 21:68–69: „Sie riefen aus: ‚Verbrennt ihn [Abraham] und beschützt eure Gottheiten, wenn ihr tatsächlich vorhabt, etwas zu unternehmen!' ‚O Feuer', erging Unser Befehl, ‚Sei kühl und friedfertig gegen Abraham!'„

54 Hierzu merkt der Lehrmeister im zweiten Brief folgendes an: „Wie bereits im Ersten Wort beschrieben, sollte man im Namen Gottes geben und im Namen Gottes nehmen. Meistens ist es jedoch anders. Entweder ist der Geber unbedacht, indem er zu seinen eigenen Gunsten

Frage:

Wir bezahlen Menschen einen Preis, auch wenn sie lediglich die Überbringer (der Gaben Gottes) sind. Welchen Preis aber verlangt wohl Gott, der wahre Eigentümer, von uns?

Antwort:

Der wahre Geber fordert von uns als Gegenleistung für diese wertvollen Gaben folgende drei Dinge: Gedenken, Danken, Nachdenken.[55] Das Aussprechen der Formel *Bis-*

---

gibt, womit er anderen eine unausgesprochene Dankesschuld auferlegt; oder der Nehmer ist unbedacht, weil er Dank und Lobpreis in erster Linie den äußeren, sichtbaren Ursachen und Mitteln entrichtet, statt dem Wahren Geber aller Gaben, womit er einen Fehler begeht."

55 Der Prophet (Fsmi) empfahl den Gläubigen, vor jedem zulässigen Genuss das Wort *Bismillah* auszusprechen und am Ende mit *Elḥamdulillah* zu schließen. Siehe: „Ein klares Zeichen (von Gottes Einheit und Herrschaft) ist für sie die tote Erde: Wir beleben sie erneut und bringen aus ihr Korn hervor, (und nach dem erforderlichen Vorbereitungsvorgang) essen sie davon. Und Wir haben Gärten dort entstehen lassen mit Dattelpalmen und Weinreben, und Wir lassen aus ihr Quellen hervorsprudeln, Damit sie von den Früchten all dessen (was Er wachsen lässt) essen mögen - und sie haben all dies nicht mit ihren eigenen Händen geschaffen, wollen sie also nicht dankbar sein?" (Yā-Sīn 36:33–35); „Und es liegt in ihm noch mannigfacher anderer Nutzen für sie, und (verschiedene) Getränke. Wollen sie also nicht dankbar sein?" (Yā-Sīn 36:73); „Habt ihr jemals über das Samen-

millah steht vor allem für das Gedenken. Das *Elḥamdulillāh* („Aller Lobpreis gebührt Gott“) steht für das Danken. Die Mitte dieser beiden bildet das Nachdenken darüber, dass die kunstvollen Gnadengaben Wunder der Macht und Geschenke der Barmherzigkeit des Einzigartigen und Unabdingbaren Einen[56] sind.

So wie es töricht wäre, wenn du die Hand eines ärmlichen Menschen[57] küsstest, der dir ein sehr wertvolles

---

korn nachgedacht, das ihr (in die Erde) aussät? Seid ihr es, die es wachsen lasst, oder sind Wir diejenigen, die ihm Wachstum verleihen? Wenn Wir es wollten, würden Wir es gewiss zu Spreu machen, und dann würdet ihr nicht aufhören, zu klagen: ‚Uns ist gewiss ein großer Verlust widerfahren (weil unser Geld, unsere Zeit und unsere Bemühungen vergeudet sind)! Nein, uns ist (unser Lebensunterhalt) ganz und gar vorenthalten worden!' Habt ihr je über das Wasser nachgedacht, das ihr trinkt? Sind Wir es, die es herabsenden aus den Wolken, oder seid ihr es, die es niedergehen lassen? Wenn Wir wollten, könnten Wir es bitter und salzig machen. Solltet ihr also nicht eigentlich dankbar sein?" (el-Wāqiʿa 56:63–70).

56 Ehad-i Samed.

57 Mit „ärmlicher Mensch" sind hier die Ursachen der Kausalität gemeint, die als Vermittler dem Menschen die Gnadengaben Gottes überbringen. Mit „König" ist der Schöpfer als *causa causarum (musebbibu l-esbāb)* gemeint. An einer anderen Stelle führt der Lehrmeister aus, dass die Menschen, die die Gaben von achtlosen Menschen geschenkt bekommen, sie dann annehmen dürfen, wenn sie sich der Hand der Barmherzigkeit Got-

Geschenk von einem König überreicht, ohne auch nur einen Gedanken an den wahren Absender des Geschenkes zu verlieren, so ist es eine noch tausendmal schlimmere Torheit, wenn du die scheinbaren Geber lobst und liebst, dabei aber den wahren Geber vergisst.

Höre, mein *nefs!* Wenn du eine solche Torheit vermeiden möchtest: Gib im Namen Gottes, nimm im Namen Gottes, beginne im Namen Gottes, handle im Namen Gottes. *we-s-selām.*[58]

---

tes darin besinnen und sie in voller Dankbarkeit küssen (vgl. Bediuzzaman Said Nursi, *Mesnevi-i Nuriye,* Zühre, 13. Nota, 4. Mesele).

58 *we-s-selām:* Wörtlich bedeutet es „und Friede", gemeint ist aber, dass das Thema beendet und jedes weitere Wort überflüssig ist – „und damit Punktum" oder „so weit zum Thema".

DAS ZWEITE WORT

بِسْمِ اللهِ الرَّحْمَنِ الرَّحِيمِ

اَلَّذِينَ يُؤْمِنُونَ بِالْغَيْبِ

Im Namen Gottes, des Erbarmers, des Barmherzigen
„Die an das Verborgene glauben“[59]

Möchtest du verstehen, wie viel Glück, Segen, Genuss und Ruhe im Glauben stecken, dann vernimm das folgende Gleichnis:

59 El-Baqara 2:3: Das arabische Wort *ghayb* wurde hier mit „das Verborgene" übersetzt. Es steht im Gegensatz zu *schehäda* – „was zu beobachten oder wahrnehmbar ist". So bezeichnet *ghayb* also das, was nicht unmittelbar wahrnehmbar ist oder über die Aufnahmefähigkeit der fünf Sinne hinausgeht. Dabei unterscheidet man zwischen absolutem *ghayb* und begrenztem oder relativem *ghayb*. Das absolute *ghayb* bezeichnet von dieser Welt aus betrachtet Gott mit Seinen Attributen und Namen sowie die Welten des Jenseits. Gewöhnliche Menschen (was ihre spirituelle Entwicklung betrifft) werden die Welten der Engel, der Djinn, der Geistwesen und anderer immaterieller Wesen ebenfalls dem absoluten *ghayb* zurechnen. Das genaue Wissen um das absolute *ghayb* gehört ausschließlich Gott.

V. Die Allegorie vom selbstverliebten Menschen und dem öffentlichen Trauerhaus

Zwei Menschen[60] machen sich aus Vergnügen und auch aus geschäftlichen Gründen zu einer Reise auf. Einer von ihnen ist selbstverliebt und unglücklich. Der andere ist gottverliebt und glückselig. Jeder geht in eine andere Richtung.

Der Selbstverliebte ist egozentrisch, rücksichtslos und pessimistisch. Seinem Pessimismus entsprechend durchquert er ein Land, das ihm sehr abstoßend vorkommt. Überall findet er sich von armen und hoffnungslosen Menschen umgeben, die sich wegen der entsetzlichen Tyrannen beklagen, von denen sie gepeinigt werden. Wohin er auch wandert, überall das gleiche Bild: Not und Elend. Das ganze Land ähnelt einem öffentlichen Trauerhaus. Um diesen schmerzlichen und finsteren Gemütszustand nicht zu spüren, sucht er einen Ausweg im Rausch. Denn jeder scheint ihm ein Feind oder ein Fremder zu sein. Er sieht überall erschreckende Leichname und hoffnungslos weinende Waisenkinder. Sein Gewissen verzehrt sich in Qualen.

Der andere dagegen ist gottverliebt, gottgefällig, wahrheitsorientiert und hat einen guten Charakter. Seinem Charakter entsprechend reist er in ein wunderschönes

60 Türkisch: *adam*. Es ist unklar, ob Bediuzzaman hier zwei Männer meint, oder das geläufige Wort *adam* einfach für „Leute" benutzt. Wir haben daher einen geschlechtsneutralen Ausdruck gewählt.

Land. Dieser gutherzige Mensch trifft dort auf ein öffentliches Fest. Überall herrscht Freude und Glückseligkeit und in den Häusern wird voller Begeisterung und Entzückung Gottes gedacht. Jeder erscheint ihm wie ein Freund und wie ein Verwandter. Überall in diesem Land ist eine festliche Zelebrierung der generellen Entlassung aus der Wehrpflicht zu sehen, begleitet von Glückwünschen und Danksagungen. Andererseits hört er auch die Musik und den Klang von Trommeln und Blaskapellen, die anlässlich der Rekrutierung von neuen Soldaten ertönen und von den fröhlichen Rufen „Groß ist nur Gott!“ und „Außer Ihm gibt es keinen Gott!“ begleitet werden.

Im Gegensatz zu dem anderen, unglücklichen Menschen, der sowohl wegen sich selbst als auch um aller anderen Menschen willen leidet, ist dieser Glückliche sowohl um seiner eigenen Freude als auch um der Freude aller anderen Menschen willen froh und ausgeglichen. Ja, er macht darüber hinaus auch noch ein gutes Geschäft und entbietet Gott seinen Dank dafür.

Als er auf den anderen Reisenden trifft und seinen Gemütszustand erkennt, sagt er zu ihm: „Du bist ja verrückt geworden! Alles Schlechte und Hässliche in deinem Inneren ist nach außen gedrungen, sodass du das Lachen für Weinen, und die Befreiung der Menschen von ihren Verpflichtungen für Raub und Diebstahl hältst. Jetzt komm wieder zu Sinnen und reinige dein Herz, damit sich dieser unheilvolle Schleier von deinen Augen entfernt und du die Wahrheit wieder erkennen kannst! Denn dies ist ein friedliches Land, wohlhabend und zivilisiert, das einem gerechten, mitfühlenden, seine Untertanen schonenden, mächtigen, Ordnung haltenden und liebevollen König gehört.[61] Die Dinge können also nicht so sein, wie deine Einbildung es dir zeigt."

Daraufhin kommt dieser unglückliche Mensch wieder zu Sinnen und fühlt ein tiefes Bedauern in sich: „Ja, ich habe im Suff wohl wirklich den Verstand verloren. Ich danke dir! Möge Gott an dir Wohlgefallen haben, denn du hast mich aus einem Gemütszustand der Hölle befreit!"

Von der Allegorie zur Wahrheit

O mein *nefs,* wisse: Der anfangs noch hochmütige Mensch repräsentiert hier einen Verkenner oder einen gottvergessenen Übeltäter, einen Sünder.[62] Diese Welt ist in seinen Augen ein öffentliches Trauerhaus. Alle lebenden Wesen erscheinen ihm als Waisenkinder, die aufgrund der „Ohrfeige" der Trennung und des Niedergangs weinen. Sowohl

---

61 El-Qamar 54:54–55: „Und die Gottesfürchtigen, Frommen werden in Gärten und neben Strömen weilen, In einer ehrenvollen Versammlung, die aus den Getreuen, Wahrhaften besteht, in der Gegenwart des Einen Allmächtigen Herrschers."

62 Das entsprechende arabische Wort für Übertretung lautet *fisq*. Es steht für die Abweichung von dem, was wahr ist, für die Überschreitung von Grenzen und für das Verlassen des Weges, der zum ewig währenden Leben in Glückseligkeit führt. Ein Mensch macht sich des *fisq* schuldig, wenn er seine drei wichtigsten Triebe und Anlagen – nämlich Verstand, Gier und Zorn – missbraucht und damit Demagogie, List, Lastern, Sünde und Unterdrückung Tür und Tor öffnet.

in den Menschen als auch in den Tieren sieht er nur vereinsamte, führungslose Verrückte,[63] die durch die Krallen des Todeskampfes aufgerieben werden. Großes wie gewaltige Gebirge und Ozeane gelten in seiner Einbildung als schreckliche, seelenlose Kadaver. Solche und weitere schmerzliche, erdrückende und schreckliche Einbildungen erwachsen aus seiner Verkennung und seiner Fehlleitung, die ihn im Geiste peinigen.

Der andere hingegen ist ein gläubiger Mensch. Er erkennt den ehrwürdigen Schöpfer und legt Zeugnis von Ihm ab. Aus seiner Perspektive heraus betrachtet ist die Welt ein Ort, an dem eine Gedenkens-Sinfonie für den Allbarmherzigen erklingt, sie ist ein Übungsgelände für Mensch und Tier und ein Prüfungsgelände für Mensch und Djinn. Alles tierische und menschliche Sterben stellt eine Befreiung oder Entlassung dar.

Das heißt, die, die ihre Lebensaufgabe erfüllt haben, reisen von diesem vergänglichen Ort in eine andere Welt, in eine Welt spiritueller Freude und der Sorglosigkeit – damit für neue Generationen Platz geschaffen wird, die hier leben und wirken werden.[64] Jede Geburt, sei es von Tieren oder von Menschen, gleicht der Rekrutierung für den Wehrdienst oder der Aufnahme in die Beamtenschaft.

---

63 Im Original „başı bozuk".

64 „Es sind auch Wir, die den Tod für euch bestimmen – und Wir können nicht daran gehindert werden. Damit Wir euch (durch neue Generationen wie euch) ersetzen und euch in einer neuen Art und Weise des Daseins hervorbringen, die ihr nicht kennt" (El-Wāqiʿa 56:60–61).

Alle Lebewesen sind wie aktive und glückliche Soldaten oder aufrichtige und zufriedene Beamte. All die Klänge sind wohlgesungene Melodien, die dem Lobpreis und Gedenken zu Beginn ihrer Arbeit sowie der Danksagung und Zufriedenheit nach Vollendung ihres Werks und der Freude während ihres Wirkens entstammen.[65]

Aus der Sicht des erkennenden Gläubigen handelt es sich bei allem, was existiert, um vertraute Diener, um freundliche Beamte oder um schöne und nette Bücher des Großzügigen Meisters und Barmherzigen Eigentümers. Aus der Erkenntnis des Gläubigen heraus entspringen und entfalten sich noch viele weitere schöne, erhabene, genussvolle, süße Wahrheiten wie diese.

Das zeigt, dass der Glaube gleichsam den Samen des spirituellen „*Ṭūbā*-Baums“[66] des Paradieses trägt. Die Verkennung hingegen verbirgt die Saat des spirituellen „*Zaqqūm*-Baums“[67] der Hölle.

---

65 Eine Anspielung auf die Laute bei der Geburt, während des Lebens und bei der Todesstunde.

66 *Ṭūbā*-Baum: Einer schwachen Überlieferung zufolge ein Baum im Paradies.

67 *Zaqqūm*-Baum: Dem Koran zufolge ist es ein verfluchter Baum, der sich vollkommen außerhalb der Sphäre von Gottes Barmherzigkeit befindet (siehe El-Isrāʾ17:60; Aṣ-Ṣāffāt 37:62–67; Ed-Duḫān 44:42–46; El-Wāqiʿa 56:51–54). Dieser Baum, dessen Früchte unbekömmlich sind, wird in der Hölle wachsen, von ihm werden die Bewohner der Hölle essen.

Wohlergehen und Sicherheit finden sich lediglich in Gottergebenheit und im Glauben. Daher sollten wir immerzu sagen: „Gepriesen sei Gott für die Religion des Islams und für den vollkommenen Glauben!“

DAS DRITTE WORT

بِسْمِ اللهِ الرَّحْمَنِ الرَّحِيمِ

...يَا اَيُّهَا النَّاسُ اعْبُدُوا رَبَّكُمُ

Im Namen Gottes, des Erbarmers, des Barmherzigen!
„O ihr Menschen! Dient eurem Herrn."

Wenn du verstehen möchtest, welch großer Gewinn und welch große Glückseligkeit der Gottesdienst mit sich bringt und welch schlimmer Verlust und Verfall die Auflehnung und die Ausschweifung, dann betrachte und bedenke folgendes Gleichnis:

VI. Die Allegorie von den zwei Soldaten und ihrer Dienstreise

Zwei Soldaten[68] erhielten einst den Befehl, in eine weit entfernte Stadt zu reisen. Sie marschierten gemeinsam, bis sie an eine Weggabelung kamen. Dort wartete ein [weiser] Mann und teilte ihnen folgendes mit: „Der Weg zur Rechten kann ohne Risiko beschritten werden. Neun von zehn Reisenden erreichen so ohne Schwierigkeiten ihr Ziel. Der Weg zur Linken bietet dagegen keinen Vorteil, und neun von zehn Reisenden nehmen Schaden. Beide Wege sind gleich lang. Der einzige Unterschied: Ein Reisender auf dem linken Weg, dem es an Ordnung und Aufsicht fehlt, reist ohne jede Ausrüstung und ohne Waffen. Er erlebt eine scheinbare Erleichterung und trügerische Bequemlichkeit. Der zweite Weg befindet sich dagegen unter militärischer Ordnung und Kontrolle. Ein Reisender hier muss etwa eine fünf Kilogramm schwere Provianttasche,[69] die nähr-

---

68 Interessant ist, dass der Verfasser im zweiten Wort von „Menschen" sprach. In diesem Wort, in dem es um die Anweisungen Gottes geht, zieht er jedoch passenderweise als Beispiel Soldaten heran, denn Soldaten sind, im Gegensatz zu Menschen im Allgemeinen, ihrem Dienstherrn verpflichtet und stehen in einem Treueverhältnis zu ihm.

69 Vgl. El-Baqara 2:197: „Die Hadsch findet in den wohlbekannten Monaten statt. Wer sich in ihnen zur Pflichterfüllung der Hadsch entschlossen hat, (soll sich) weder zu Beischlaf noch zu Unschicklichkeit oder Frevel noch zu unziemlicher Rede während der Hadsch (hinreißen las-

stoffreiche Extrakte enthält, mit sich führen und eine etwa zweieinhalb Kilogramm schwere, ausgezeichnete Waffe tragen, die Eigentum des Staates ist und mit der er jedem Feind problemlos trotzen und ihn besiegen kann."

Nachdem die beiden Soldaten den Rat des weisen Mannes vernommen hatten, nahm der glückliche Soldat die rechte Abbiegung und lud sich die etwa acht Kilogramm schwere Last auf den Rücken. Dafür befreite er Herz und Seele jedoch von der tonnenschweren Last der Dankesschuld und der Ängste.

Der andere, unglückseligere Soldat entschied sich gegen die vorgeschriebenen Verpflichtungen und lehnte jegliche Ordnung ab. Er nahm die linke Abzweigung. Sein Körper war daraufhin zwar von der [physischen] acht Kilogramm schweren Last befreit, sein Herz jedoch wurde von der tonnenschweren Last der Dankesschuld und seine Seele von unendlichen Ängsten erdrückt. Er wurde jedem ein Bettler, litt sehr unter seiner Furcht und zitterte bei jedem Vorkommnis. Als er schließlich die Stadt erreichte, wurde er auch noch als ein Rebell und Fahnenflüchtiger bestraft.

Der Soldat, der sich gerne und freiwillig der militärischen Ordnung eingliederte, der seine Tasche und seine

---

sen). Und was ihr an Gutem tut (alles, das euch geboten wurde und mehr als dies, besonders anderen zu helfen), Gott weiß es. Und sorgt vor für die Reise (und fallt anderen nicht zur Last). Doch wahrlich, die beste Vorsorge sind Aufrichtigkeit und Frömmigkeit, so seid um Aufrichtigkeit und Frömmigkeit besorgt, um euch vor Meiner Strafe zu schützen, o ihr, die ihr einsichtig seid."

Waffe gut aufbewahrte und auf dem rechten Weg wanderte, ging ohne jemandem zu Dankesschuld verpflichtet zu sein und ohne sich vor jemandem fürchten zu müssen in aller Herzens- und Gewissensruhe seines Weges. Auch er erreichte die anvisierte Stadt. Aber er wurde dort wie ein ehrenhafter Soldat behandelt, der gewissenhaft seine Pflicht erfüllt hat, und erhielt dementsprechend eine Belohnung.

Von der Allegorie zur Wahrheit

Nun zu dir, mein aufständisches *nefs!* Pass gut auf:

- Der eine Soldat repräsentiert einen Diener Gottes, der den göttlichen Prinzipien Folge leistet, während der andere einen Menschen darstellt, der Ordnung ablehnt und nach Lust und Laune handelt.
- Der Weg steht für den Lebensweg, der in der Seelenwelt[70] entspringt und über das Grab ins Jenseits führt.[71]

---

70 *alem-i erwah:* Die Seelenwelt ist eine Dimension der Welt des Verborgenen, der die Essenzen, Grundelemente und Substanzen sowie die Programme des Lebens innewohnen. Die Wurzel des Menschen liegt ursprünglich in der Seelenwelt. Aus dieser Welt kommend erhält der Mensch durch einen embryologischen Prozess im Mutterleib einen materiellen Körper.

71 Vgl. El-Mu'minūn 23:12–16: „Wir haben die Menschheit (ganz zu Beginn) aus einem besonders gewonnenen Extrakt aus Lehm erschaffen. Dann haben Wir daraus eine befruchtete Eizelle gemacht, die an einem sicheren Platz ruht. Dann haben Wir aus der befruchteten Eizelle

- Die Tasche und das Gewehr symbolisieren den Gottesdienst und das Gottesbewusstsein.

Der Gottesdienst mag uns wie eine mühsame Belastung erscheinen,[72] in Wirklichkeit spendet er jedoch Frieden und Trost, den man gar nicht in Worte fassen kann. Der Diener Gottes rezitiert in seinen Hauptgebeten (Ich bezeuge, dass es außer Gott keine Gottheit gibt). Also ist er der festen Überzeugung: „Gott allein ist der Schöpfer und der Ernährer. Schaden[73] und Nutzen ruhen ausschließlich in Seiner Hand. Da Er der Allweise ist, tut Er niemals etwas Sinnloses. Er ist der Erbarmer, Seine Barmherzigkeit und Seine Gaben sind unerschöpflich." Demzufolge sieht der Gottesdiener in allem eine Pforte zur Schatzkammer der

---

ein Gerinnsel gemacht, das sich (an der Gebärmutterwand) anklammert, dann haben Wir aus einem kleinen Klumpen (der einem Bissen gleicht) Knochen geschaffen und haben die Knochen mit Fleisch bekleidet. Dann haben Wir dies zu einer anderen Schöpfung heranwachsen lassen. Gesegnet ist darum Gott und hoch erhaben, der Schöpfer, der alles in der besten und angemessensten Form erschafft und den höchsten Rang des Ideenreichtums einnimmt. Dann, nach all diesem, werdet ihr ganz gewiss sterben. Danach werdet ihr am Tag der Auferstehung wahrlich wieder auferweckt werden." Siehe ferner El-Ḥadjj 22:5.

72 Vgl. Maryam 19:65.

73 Einer der Gottesnamen ist „der Schadende". Zur Theodizeefrage siehe *Kleine Briefe,* 12. Brief, insbes. zweite Frage.

Barmherzigkeit Gottes und klopft mit Bittgebeten an ihr an. Er begreift, dass alles im Universum seinem Herrn und Ernährer untersteht. Deshalb sucht er nur bei Ihm Zuflucht. Indem er in vollkommener Ergebenheit auf Gott vertraut, sucht er gegen alle Widrigkeiten dieser Welt Schutz bei Ihm. Sein Glaube gibt ihm vollkommene Sicherheit.

Glaube und Gottesdienst sind Quellen wahrer Tugend wie Tapferkeit

Quellen der Tapferkeit sind, wie bei jeder wahren Tugend und Wohltat, Glaube und Gottesdienst. Quelle der Feigheit ist dagegen, wie bei jedem Laster und jeder Übeltat, die Verkennung.

Ja, einen frommen Gottesdiener mit einem vollkommen erleuchteten Herzen würde wahrscheinlich nichts in Furcht versetzen, nicht einmal, wenn die Erde wie eine Bombe explodieren würde. Er würde sich so ein Ereignis vielleicht sogar mit einem genießenden Staunen als ein wundersames Zeichen der Macht des unabdingbaren Schöpfers anschauen. Ein herzloser und verkennender Philosoph hingegen, der für seine „erleuchtete Vernunft“ bekannt ist, würde schon beim Anblick eines Kometen am Himmel vor Furcht davor erzittern, dass dieser eventuell auf der Erde einschlagen könnte und sagen: „Nicht dass dieser unberechenbare Komet auf die Erde knallt!“

Die Bedürfnisse des Menschen sind zwar grenzenlos, sein Kapital[74] ist es aber nicht. Er ist vielen Widrigkeiten ausgesetzt, besitzt jedoch kaum Kraft ihnen standzuhalten. Mit anderen Worten: Die Reichweite seines Kapitals und seiner Macht entspricht seiner Armlänge. Seine Wünsche und Sehnsüchte, seine Leiden und Sorgen reichen jedoch so weit, wie seine Augen blicken und seine Vorstellungskraft reicht.[75]

Jeder, der nicht vollkommen blind ist, wird die Wahrheit sehen und begreifen, dass es für die dermaßen machtlose und zerbrechliche, arme und bedürftige Menschenseele ein enormer Gewinn, ein großes Glück und eine reiche Gabe ist, Gott zu dienen *(ibadet)*, Ihm zu vertrauen *(tewekkul)*, sich auf Seine Einheit zu konzentrieren *(tewhid)* und sich Ihm hinzugeben *(teslim)*.

Andererseits ist es wohlbekannt, dass der gefahrlose Weg dem gefährlichen vorzuziehen ist, auch wenn die Gefahr nur in einem von zehn Fällen auftreten würde. Der Weg des Gottesdienstes jedoch, der unser Anliegen ist, ist nicht nur gefahrlos, sondern birgt noch dazu in neun von zehn Fällen den Schatz ewiger Glückseligkeit.[76] Der Weg

74 Vgl. El-Baqara 2:16, 279.

75 El-Buḫārī, *Riqaq* 4.

76 Selbst auf dem Weg des Gottesdienstes besteht in 1/10 der Fälle die Gefahr, dass man nicht zur ewigen Glückseligkeit findet, denn Gotteswohlwollen und Gottesbewusstsein bei den gottesdienstlichen Handlungen sind eine Notwendigkeit, die man durch das scheinbare Befolgen von Ritualen nicht erlangen kann (vgl. El-Māʿūn

der Ausschweifung und Liederlichkeit jedoch – wie sogar manche Ausschweifende und Übeltäter selbst zugeben – birgt keinen Nutzen, sehr wohl aber in neun von zehn Fällen die Gefahr ewigen Unglücks. Durch die Zeugnisse unzähliger fachkundiger Menschen der Schaugewissheit ist diese Wahrheit auf der Gewissheitsstufe des Konsenses und der Einmütigkeit[77] gesichert. Sie ist zudem eine Tatsache, bestätigt durch die Erfahrungsberichte spiritueller Entdecker des Herzens und des Genusses.

FAZIT: So wie die Glückseligkeit im Jenseits hängt auch das Glück im Diesseits vom Gottesdienst und der Bereitschaft ab, Ihm wie ein Soldat zu dienen. Darum sollten wir Gottes stets gedenken und sagen: „Gepriesen sei Gott, der uns Gehorsam lehrt und Erfolg gewährt!“ Wir sollten Ihm stets dafür danken, dass wir Ihm ergeben sind.

107:4–5). Die ewige Glückseligkeit ist keine Gegenleistung für Gottesdienste, sondern reines Wohlwollen und eine Gunstbezeugung Gottes (siehe El-Fāṭir 35:29–30).

77 *tewātur:* Ein Beweisgrad in der Hadithwissenschaft. Wenn eine Aussage des Propheten von 70 Gefährten mit identischem Wortlaut überliefert wird, besitzt diese Überlieferung den Grad der Einmütigkeit *(tewātur).* Da spirituelle Visionen und Erlebnisse einen subjektiven Charakter haben, benötigen sie laut Bediuzzaman übereinstimmende Berichte mehrerer Personen, die dieselbe Wahrheit erfahren haben, um zu einer objektiven Quelle zu werden.

DAS VIERTE WORT

بِسْمِ اللهِ الرَّحْمَنِ الرَّحِيمِ

اَلصَّلاٰةُ عِمَادُ الدِّينِ

Im Namen Gottes, des Erbarmers, des Barmherzigen!
„Das Hauptgebet ist das Fundament der Religion"

Um zu erkennen, wie wertvoll und wichtig das Hauptgebet ist und welch geringen Aufwand und Preis man dafür erbringen muss, und wie töricht und nachteilig es dagegen ist, das Hauptgebet nicht zu verrichten – das ist so gewiss, wie zwei mal zwei vier ist –, betrachte diese Allegorie:

VII. Die Allegorie von den zwei Dienern mit den 24 Goldstücken

Ein bedeutender Herrscher sendet zwei seiner Diener mit jeweils vierundzwanzig Goldstücken zu einem schönen und einzigartigen Landgut, das eine Zweimonatsreise entfernt liegt, damit sie sich dort niederlassen. Er gibt ihnen folgende Anweisungen: „Nehmt dieses Geld für die Fahrkarte und für alles, was ihr für die Reise und das Leben dort braucht. Eine Tagesreise entfernt gibt es eine Station, an der Autos, Schiffe, Züge und Flugzeuge zur Verfügung stehen. Eurem Budget entsprechend könnt ihr euch dort ein Transportmittel leisten."

Die zwei Diener machen sich, nachdem sie diese Anweisungen erhalten haben, auf den Weg. Der glückselige Diener gibt nur wenig von seinem Geld aus, bevor er die Station erreicht. Er setzt sein Geld so sinnvoll ein, dass sein Herr mit ihm zufrieden ist. Er betreibt gewinnbringenden Handel, der sein Kapital um ein Tausendfaches vermehrt. Der unglückselige und sich herumtreibende Diener hingegen verspielt, noch bevor er die Station erreicht, dreiundzwanzig seiner vierundzwanzig Goldstücke bei Glücksspielen und ähnlichen Ausschweifungen. Ihm bleibt nur ein einziges Goldstück übrig. Sein Freund rät ihm:

„Kauf dir doch für dieses Goldstück eine Fahrkarte, damit du auf diesem langen Weg nicht zu Fuß gehen und Hunger leiden musst. Unser Herr ist großzügig, und vielleicht wird er Mitleid haben und dir vergeben. Vielleicht lässt man dich sogar das Flugzeug nehmen, dann könnten wir das Landgut in einem Tag erreichen. Ansonsten wirst du die zweimonatige Reise durch die Wüste zu Fuß, hungrig und allein antreten müssen."

Wenn dieser Mensch nun in seinem Starrsinn nicht auf seinen Freund hört und sein letztes Goldstück nicht für die wertvolle Fahrkarte ausgibt, die ihm als Schlüssel einer Schatzkiste dienen könnte, sondern für sündiges und vergängliches Vergnügen, würde selbst der unvernünftigste Mensch merken, dass dieser Mann töricht, gefährlich und unglückselig ist.

Von der Allegorie zur Wahrheit

Nun, du Mensch, der das Hauptgebet nicht verrichtet! Und du, mein *nefs,* das sich am Hauptgebet nicht erfreut! Hört, was dies bedeuten mag!

- Jener bedeutende Herrscher ist unser Herr, unser Schöpfer.
- Von den zwei Reisenden ist einer religiös und verrichtet seine Gebete mit Begeisterung. Der andere ist ein gottvergessener Mensch, der das Gebet nicht verrichtet.
- Die vierundzwanzig Goldstücke stehen für die vierundzwanzig Stunden des Tages.
- Das einzigartige Landgut ist das Paradies, während die Station das Grab versinnbildlicht.
- Die beschriebene Reise ist der Weg des Menschen über das Grab und die Auferstehung hin zum ewigen Leben. Entsprechend ihrer Handlungen und ihres Gottesbewusstseins brauchen die Menschen für die gleichlange Strecke unterschiedliche Dauer für die

Reise. Einige der Gottesbewussten legen an einem Tag eine Entfernung von eintausend Jahren so schnell wie ein Blitz zurück. Andere bewältigen an einem Tag die Entfernung von fünfzigtausend Jahren so schnell wie das Vorstellungsvermögen. Der glorreiche Koran weist in zweien seiner Verse auf diese Wahrheit hin.[78]

---

78 „Er lenkt die Angelegenheit vom Himmel bis zur Erde; dann steigt die Angelegenheit zu Ihm hinauf in einem Tag, dessen Dauer nach eurer Zeitrechnung tausend Jahre beträgt" (Es-Sedjde 32:5); „Die Engel und der Geist steigen (damit) zu Ihm auf in einem Tag, dessen Dauer fünfzigtausend Jahre (von euren normalen weltlichen Jahren) beträgt" (El-Maʿāridj 70:4). Der Lehrmeister deutet darauf hin, dass der Koran das Wort Tag nicht nur im Sinne eines Erdentages verwendet, sondern auch als eine Zeiteinheit oder einen Zeitabschnitt. Während Vers 32:5 von einem Tag spricht, dessen Dauer nach unserer Zeitrechnung 1000 Jahre beträgt, ist in Vers 70:4 von einem Tag die Rede, der umgerechnet 50.000 Jahre dauern soll. Das zeigt, dass der koranische Tag eine relative Größe ist. Das Sein besteht nicht nur aus unserer Welt oder dem sichtbaren Universum. Vielmehr existieren mehrere Welten oder Dimensionen, die alle ineinander verschlungen sind. Die Welt der Träume hat ihre eigene Zeit, ebenso wie die geistige Welt, die Welt der Vorstellungen oder die Welt der immateriellen Formen in anderen spirituellen Sphären. Dem Lehrmeister zufolge ist die Zeit relativ. Er teilt die Relativität der Zeit in *tayy az-zaman* (Zeitspannen-Übersprung) und *bast az-zaman* (Zeitausdehnung). Siehe 3. Reflexion, 3. Anmerkung (3. Lem'a, 3. Nükte).

- Die Fahrkarte ist das Hauptgebet. Man braucht für alle fünf Hauptgebete samt der rituellen Waschung eine Stunde am Tag.

Welch einen großen Verlust, welch ein großes Unrecht gegen sich selbst und welch einen Widersinn es bedeutet, täglich dreiundzwanzig Stunden für dieses flüchtig kurze Leben auf Erden aufzubringen, aber die verbleibende Stunde nicht seinem ewigen Leben zu widmen.

Das Leben verspielen oder spielen für das unendliche Glück?

Ein Mensch hält es für vernünftig, die Hälfte seines Besitzes in eine Lotterie mit tausend Teilnehmern zu stecken, obwohl die Gewinnchance 1 zu 1000 beträgt. Derselbe Mensch ist jedoch nicht bereit, 1/24 seines Besitzes für einen ewigen Schatz einzusetzen, dessen Gewinnchance garantiert bei 99 % liegt. Wird er nicht einsehen, wie unvernünftig, unweise und widersinnig das ist?

Darüber hinaus bietet das Gebet Ruhe und Harmonie für die Seele, das Herz und den Verstand. Und dem Körper fällt es eigentlich nicht schwer. Alle *mubāh*[79] und weltlichen Handlungen des betenden Menschen gelten angesichts der guten Absicht schließlich als eine Art Gottesdienst. So kann der Mensch sein ganzes Lebenskapital

---

79 *mubāh:* neutrale Handlungen.

für das Jenseits gutschreiben. Sein vergängliches Leben erlangt eine Art Unsterblichkeit.

DAS FÜNFTE WORT

بِسْمِ اللهِ الرَّحْمَنِ الرَّحِيمِ

إِنَّ اللهَ مَعَ الَّذِينَ اتَّقَوْا وَالَّذِينَ هُمْ مُحْسِنُونَ.

„Im Namen Gottes, des Erbarmers, des Barmherzigen!
Gott ist wahrlich mit denjenigen, die sich hüten vor Ungehorsam gegen Gott in Ehrfurcht vor Ihm und in Frömmigkeit, und mit denen, die sich eifrig darum bemühen, Gutes zu tun, und sich bewusst sind, dass Gott sie sieht“ (Nahl 16:128)

Zur wahren menschlichen Verantwortung gehört das Verrichten des Hauptgebets und das Fernbleiben von großen Sünden;[80] das entspricht unserer Grundveranlagung, also dem Ziel und Zweck der Erschaffung der Menschheit. Um diese Wahrheit verstehen zu können, vernehme die folgende kurze Allegorie:

80 Große Sünden werden sowohl im Koran als auch in der Sunna unterschiedlich behandelt. Die Anzahl der großen Sünden ist unter den Gelehrten umstritten. Einige Todsünden, zu denen unter den Gelehrten Konsens herrscht, sind: Mord, Ehebruch, falsche Zeugenaussage, schwarze Magie, üble Nachrede und den Kontakt zu leiblichen Verwandten abzubrechen.

VIII. Die Allegorie von der Generalmobilmachung

Während einer Generalmobilmachung befinden sich in einem Regiment zwei Soldaten, der eine gut ausgebildet und pflichtbewusst, der andere unerfahren und wollüstig, der nur sich selbst dient. Der erste Soldat nimmt Ausbildung und Einsatz ernst. Er kümmert sich nicht um Verpflegung und Rationen. Er hat verstanden, dass es die Aufgabe des Staates ist, ihn zu ernähren, ihn auszurüsten, ihn im Falle einer Krankheit zu versorgen, ihn quasi im schlimmsten Fall sogar mit der Hand zu füttern. Seine Hauptpflicht ist die Ausbildung und der Einsatz. Manchmal hilft er auch bei der Verpflegung oder bei Instandhaltungsarbeiten. Er kocht, reinigt die Kessel und stellt sie bereit. Wenn man ihn fragt, was er tut, dann antwortet er: „Ich erledige einige Dinge für den Staat.“ Er sagt nicht, dass er für seinen eigenen Lebensunterhalt arbeite.

Der andere, bauchfixiert und unerfahren, nimmt nicht an der Ausbildung und den Einsätzen teil. Er erklärt sein Verhalten so: „Das ist nicht meine Aufgabe, sondern die Angelegenheit des Staates.“ Er sorgt sich nur um seinen eigenen Lebensunterhalt, bleibt dem Bataillon fern und geht lieber auf den Markt, um einzukaufen.

Eines Tages gibt ihm sein gebildeter Freund folgenden Rat: „Bruder, deine Hauptaufgabe liegt in der Ausbildung und im Einsatz. Nur deshalb bist du auf diesen Posten berufen worden. Vertraue dem Herrscher. Er lässt dich nicht verhungern. Er ist verantwortlich für dich. Außerdem bist du schwach und arm. Du kannst dich nicht überall versorgen lassen. Zudem herrscht Mobilmachung und Kriegszustand. Man könnte dich des Verrats anklagen, dir Rebellion vorwerfen und dich bestrafen."

Es ist richtig, es gibt zwei Aufgaben: Die eine obliegt dem Herrscher, nämlich uns zu versorgen, wobei wir ab und zu dafür ohne Entgelt mitwirken. Die zweite Aufgabe obliegt uns: bereit sein für Ausbildung und Einsatz. Der Herrscher hilft uns dabei durch die Bereitstellung der notwendigen Ausrüstung.

Stell dir vor, in was für eine prekäre Situation der herumtreibende Soldat sich begibt, wenn er dem Rat des strebsamen, erfahrenen Soldaten keine Beachtung schenken würde!

Von der Allegorie zur Wahrheit

Mein faules *nefs!*

- Jenes umkämpfte Schlachtfeld der Generalmobilmachung repräsentiert das irdische Leben voller Unruhen und Aufregung.
- Die in Bataillone aufgeteilte Armee ist ein Bild für die Gesellschaften der Menschen, und jenes besondere Bataillon steht für die muslimische Gemeinschaft unseres Zeitalters.
- Von den beiden Soldaten ist der eine ein gottesbewusster muslimischer Mensch, der seine religiösen Hauptverantwortungen kennt und verrichtet und der weiß, was er zu tun hat, um gegen das *nefs* sowie

gegen den Satan spirituell anzukämpfen, um weder große noch kleine Sünden zu begehen.[81]

- Der andere Soldat ist ein Sünder, der Verlust erleiden wird, der seine religiösen Hauptverantwortungen nicht im Geringsten beachtet, sondern bedenkenlos gegen die Gebote Gottes verstößt und dermaßen auf den Lebensunterhalt erpicht ist, dass er mit seinem Verhalten dem wahren Ernährer unterstellt, sich nicht um ihn zu kümmern.
- Die Ausbildung und die Anweisungen repräsentieren die Gottesdienste, vor allem das Hauptgebet.
- Der Krieg symbolisiert den spirituellen Kampf für die Rettung des Herzens und der Seele vor der ewigen Verdammnis, dem *nefs,* fleischlichen Genüssen sowie vor den Feinden aus den Reihen der Djinn und der Menschen.
- Die beiden angesprochenen Verantwortungen sind leicht zu verstehen: Die erste besteht darin, Leben zu schenken und dessen Fortbestand durch Versorgung zu sichern. Die zweite besteht darin, den Schöpfer des Lebens und dessen Versorger inbrünstig anzubeten, Ihm zu vertrauen und sich unter Seinen Schutz zu begeben.

---

81 Der Lehrmeister beschreibt mit den in seinen Allegorien angeführten militärischen Beispielen fast ausschließlich ein spirituelles Streben, und so benutzt er auch bewusst den Begriff *mudjahede,* welcher in diesem Sinne „geistiges Streben" bedeutet, und nicht den Begriff *djihad*.

Ja, das Leben ist eines der brillantesten Wunder der Kunstfertigkeit des Bedürfnislosen Einen und ein wunderbarer Ausdruck der Weisheit des Ewigen Meisters. Nur Er, der das Leben geschenkt hat, kann dessen Fortbestand mit den Mitteln der Versorgung sichern.[82]

Brauchst du dafür Beweise? Die schwächsten und einfachsten Tiere wie Fische oder Obstwürmer sind die, die am besten ernährt werden. Gerade die hilflosesten und zerbrechlichsten Lebewesen wie Säuglinge oder neugeborene Tiere bekommen die beste Nahrung.

Die von Gott erlaubte Versorgung[83] zu erhalten hängt nicht von antrainierter Macht oder einem ausgeprägten freien Willen ab. Ganz im Gegenteil: Sie ist eine Frage der Machtlosigkeit und Schwäche. Um das nachvollziehen zu können, vergleiche einfach die Ernährung von Fischen mit Füchsen, von Jungtieren mit wilden Tieren oder von Bäumen mit Tieren.

---

82 Vgl. El-Baqara 2:22: „Und der euch die Erde zu einer Ruhestatt (zu einem behaglichen, einem Polster ähnlichen Grund und Boden) und den Himmel zu einem Baldachin gemacht hat. Er sendet vom Himmel Wasser hernieder und bringt dadurch Früchte hervor als Unterhalt für euch. Deshalb stellt Gott keine Götzen (als Gottheiten, Herren und Gegenstände der Anbetung) gleich, wo ihr doch wisst (dass es überhaupt keine Gottheiten, Herren, Schöpfer und Versorger geben kann, die anbetungswürdig sind, außer Gott)." Siehe ferner El-Enʿām 6:99, 141 f, 151; Yūnus 10:31.

83 Der Lehrmeister schließt damit unerlaubte, verbotene Versorgung aus der göttlichen Garantie aus.

Wie kann Arbeit als Gottesdienst gelten?

Jeder, der seine täglichen Hauptgebete mit der Ausrede, seinen Lebensunterhalt zu verdienen, unterlässt,[84] ähnelt dem Soldaten, der seine Ausbildung abbricht, den Schutz des Bataillons verlässt und als Bettler über den Markt schlendert.

Sich dagegen seinen Lebensunterhalt nach dem Verrichten der Hauptgebete selbst aus der Küche der Barmherzigkeit des Großzügigen Ernährers zu holen und zu vermeiden, anderen Ärger zu bereiten oder ihnen zur Last zu fallen, ist schön, zeugt von Edelmut und gilt sogar als Gottesdienst.

Der Mensch wurde erschaffen, um Gott zu erkennen und Ihm zu dienen

Die Grundveranlagung des Menschen und seine geistige Ausstattung zeigen, dass er erschaffen wurde, um Gott zu dienen. Was die rein physische Leistung und Kompe-

84 Vgl. Ṭā-hā 20:132: „Trage deiner Familie und deiner Gemeinschaft auf, das Gebet zu verrichten, und sei selbst gewissenhaft bei der Verrichtung. Wir verlangen nicht von dir, dass du Uns versorgst; sondern Wir sind es, die dich versorgen. (Deshalb sind all deine Gebete zu deinem eigenen Nutzen.) Und das (erwünschte) Ergebnis wird zu Gunsten der Frömmigkeit und Rechtschaffenheit ausfallen."

tenz des Menschen betrifft, die für das weltliche Leben erforderlich sind, so ist er sogar schwächer als ein kleiner Spatz[85].[86] Hinsichtlich des Wissens, der Fähigkeit, die eigene Bedürftigkeit zu erkennen, des inbrüstigen Anflehens und des Gottesdienstes – allesamt für sein spirituelles und jenseitiges Leben dringend erforderlich – ist er jedoch König und Befehlshaber aller lebenden Geschöpfe.

Solange du also, mein *nefs,* dir dieses irdische Leben als dein höchstes Ziel erwählst und ständig darin investierst, kannst du lediglich so viel leisten wie ein Soldat unter dem Kommando eines einfachen Spatzes. Wenn du indes das Leben im Jenseits als dein Hauptziel erwählst, dieses irdische Leben als dessen Mittel und dessen Feld betrachtest, das beackert werden muss, und dementsprechend handelst, schwingst du dich zum Befehlshaber des Tierreiches auf. Du wirst demzufolge zum zärtlich geliebten und zugleich ehrerbietigen Diener Gottes des Allmächtigen werden. Dann wirst du Sein höchst verehrter und respektierter Gast sein.

---

85 Ein Spatz verlässt hundert Mal das Nest, um nach Nahrung für sich und seine Jungen zu suchen.

86 Eine Anspielung auf ein Hadith (https://sunnah.com/tirmidhi/36/41): „Wenn ihr euch mit dem erforderlichen Vertrauen auf Gott verlassen würdet, würde Er für euch sorgen, so wie Er einen Vogel versorgt, der morgens leer ausgeht und voll zurückkehrt", und den Bibelvers: „Sehet die Vögel unter dem Himmel an: sie säen nicht, sie ernten nicht, sie sammeln nicht in die Scheunen; und euer himmlischer Vater nährt sie doch. Seid ihr denn nicht viel mehr denn sie?" (Matthäus 6,26).

Nun darfst du zwischen diesen zwei Pfaden wählen. Entscheide dich für einen der beiden. Bitte dabei den Barmherzigsten der Barmherzigen um Rechtleitung und Erfolg.

DAS SECHSTE WORT

بِسْمِ اللهِ الرَّحْمَنِ الرَّحِيمِ

اِنَّ اللهَ اشْتَرٰى مِنَ الْمُؤْمِنِينَ اَنْفُسَهُمْ وَاَمْوَالَهُمْ بِاَنَّ لَهُمُ الْجَنَّةَ

„Im Namen Gottes, des Erbarmers, des Barmherzigen!
Gott hat von den Gläubigen ihr *nefs*
und ihren Besitz erkauft, denn der Paradiesgarten soll
ihnen zuteilwerden“ (Et-Tewbe 9:111)

Möchtest du verstehen, welch rentabler Handel es ist und welch ehrenvollen Rang man sich erwirbt, wenn man sein *nefs* und seinen Besitz an den Wahren Erhabenen verkauft und zu Seinem Diener und Soldaten wird, dann vernimm das folgende Gleichnis:

IX. Die Allegorie von den zwei Personen und ihren Landgütern

Einst vertraute ein König zweien seiner Untertanen treuhänderisch je ein Landgut mit einer Fabrik, einer Maschine, Pferden, Waffen und weiteren Ausrüstungsgegenständen an. Da jedoch ein stürmischer Krieg herrschte, blieb nichts wie es war. Entweder veränderte es sich oder wurde zerstört.

In seiner vollkommenen Barmherzigkeit schickte der König seinen ehrwürdigsten Adjutanten zu den beiden Soldaten, um ihnen per Dekret Folgendes zu übermitteln:

- „Verkauft mir mein Gut, das ihr treuhänderisch verwaltet; ich will es für euch in Verwahrung nehmen. Lasst es nicht unnötig der Zerstörung anheimfallen! Wenn der Krieg beendet ist, werde ich es euch sogar in einem besseren Zustand zurückgeben.
- Zudem werde ich euch einen so hohen Preis für das Treuhandgut bezahlen, als wäre es euer eigenes Eigentum.
- Die Maschine und die Werkzeuge in der Fabrik sollen in meinem Namen und unter meiner Handelsgesellschaft betrieben werden. Sowohl der Kaufpreis als auch die Umsätze [für das Landgut und die Werkzeuge] werden um ein Tausendfaches ansteigen. Den gesamten Gewinn werde ich euch überlassen.
- Ihr seid machtlos und arm. Ihr seid nicht in der Lage, die Kosten der anstehenden Arbeiten zu tragen. Lasst mich deshalb alle Ausgaben einschließlich der Mate-

rialkosten übernehmen. Ich werde euch alle Einnahmen und Gewinne überlassen.

- Des Weiteren garantiere ich, euch das alles bis zum Militärdienstende zur Verfügung zu stellen.

Fünfstufiger Profit in einem Geschäft!
Solltet ihr mir das Gut aber nicht verkaufen:

- Ihr seht ja, dass niemand in der Lage ist, das zu bewahren, was er in den Händen hat. Auch ihr würdet das Gut verlieren.
- Alles würde umsonst dahinschwinden und auch der hohe Preis würde euch versagt bleiben.
- All die feinen und kostbaren Werkzeuge und Vermessungsgeräte verlören ihren Wert, weil sie in keinen königlichen Minen eingesetzt und keine wertvollen Erze verarbeiten würden.
- Ihr würdet auch eine Menge Schwierigkeiten und Last mit der Verwaltung und der Instandhaltung haben.
- Ja, ihr würdet sogar den Missbrauch eures Treuhandbesitzes verantworten müssen.[87]

---

87 El-Isrāʾ 17:36: „Und folge nicht dem, wovon du kein Wissen hast (sei es gut oder schlecht), und enthalte dich grundloser Behauptungen und Vermutungen. Wahrlich, Gehör, Sehvermögen und Herz – sie alle werden dereinst darüber befragt werden (du bist verantwortlich, und du wirst für sie alle am Tag des Jüngsten Gerichts zur Rechenschaft gezogen)."

Fünfstufiger Schaden in einem Verlustgeschäft!

Euer Gut an mich zu verkaufen bedeutet, dass ihr meine Soldaten werdet und in meinem Namen handelt. Ihr werdet besondere und freie Adjutanten eines erhabenen Königs und nicht nur einfache Gefangene oder führungslose Partisanen sein."

Nachdem sie dieses großzügige Angebot und das königliche Dekret vernommen hatten, sagte der Vernünftigere der beiden: „Gerne! Ich fühle mich sehr geehrt und werde selbstverständlich mit Freuden verkaufen. Ich übermittle dem König meinen tausendfachen Dank."

Der andere aber, arrogant und mit einem „pharaonischen" *nefs,* selbstsüchtig und trunken, sagte, als ob er ewig auf diesem Gut bleiben würde, ohne die Beben und Tumulte dieser Welt zu Kenntnis zu nehmen:[88] „Nein, nein! Wer ist denn der König? Ich werde doch nicht mein Eigentum verkaufen und mir meine Laune verderben lassen!"

Kurze Zeit später genoss der Erstere einen so hohen Rang, dass ihn jeder um seine Position beneidete. Er erfreute sich der königlichen Gunst und lebte glücklich in seinem privaten Palast.

---

88 El-Kahf 18:35–36: „Er ging in seinen Rebgarten, während er sich selbst Unrecht tat (in seiner törichten Selbstüberschätzung). Er sagte: ‚Ich glaube nicht, dass dies jemals zugrunde gehen wird. Und ich glaube auch nicht, dass der Jüngste Tag je kommen wird. Doch selbst wenn (er kommen sollte, und) ich zurückgebracht werde zu meinem Herrn, dann werde ich bestimmt etwas Besseres als dies als Ersatz vorfinden.'„

Der Zweite hingegen hatte sich in so eine Lage verwickelt, dass jeder mit ihm Mitleid hatte, aber auch sagte: „Er hat es nicht anders verdient.“ Durch seinen vorsätzlichen Fehler verlor er sein Glück und mit ihm seinen Besitz, sodass er fortan unter Sanktionierung und Qualen litt.

Von der Allegorie zu Wahrheit

Nun zu dir, du lust- und launenverhaftetes *nefs!* Schau durch das Fernglas dieses Gleichnisses der Wahrheit ins Gesicht!

- Der König ist der Herrscher, der über der Zeit stehende Ewige und Anfangslose, dein Herr und dein Schöpfer.
- Die Landgüter, die Maschine, Werkzeuge und Vermessungsgeräte sind die Besitztümer, die du in deinem Leben dein Eigen nennst – dein Körper, dein Geist und dein Herz zählen ebenso dazu wie deine äußeren und inneren Wahrnehmungsorgane[89] wie die Augen, die Zunge, der Verstand sowie die Vorstellungskraft.
- Der glorreichste Generaladjutant in dem Gleichnis ist der ehrwürdige Gesandte Gottes.[90]

---

89 Der koranischen Auffassung zufolge zählen Augen, Zunge, Ohren usw. zu den äußeren Wahrnehmungsorganen, während Vorstellungsvermögen, Verstand und Intuition zu den inneren Wahrnehmungsorganen zählen.

90 *rasulun kerim:* Eine koranische Betitelung des Propheten als ehrwürdiger Bote Gottes. Vgl. Et-Tekwīr 81:19; Al-

- Und bei dem weisen Dekret handelt es sich um den weisen Koran, welcher den von uns erörterten großen Handel in diesem Vers deklariert: *Gott hat von den Gläubigen ihr Leben und ihr Gut für das Paradies erkauft* (Et-Tewbe 9:111).

Das turbulente Kampfgebiet steht für die stürmische Welt, die sich ununterbrochen bewegt, sich dabei ständig verändert, auflöst und vergeht und so den Menschenverstand herausfordert, indem es ihn zum Nachdenken über folgende Frage anregt: „Alles wird unseren Händen entgleiten, untergehen und zusammenbrechen. Gibt es denn keine Möglichkeit, die Dinge in etwas Beständiges umzuwandeln? Wie können wir sie verewigen?" Und während der Mensch noch nachsinnt, hört er plötzlich die himmlische Stimme des Korans, die ihm sagt: „Gewiss! Es gibt einen wunderschönen und angenehmen Weg, der einen fünfstufigen Gewinn bietet."

Frage: Was ist das für ein Weg?

Antwort: Der Weg sieht vor, das Treuhandgut seinem wahren Eigentümer zu verkaufen. Auf diese Weise lässt sich ein fünffacher Gewinn erzielen:

DER ERSTE GEWINN: Vergänglicher Besitz wird zu einem immerwährenden Besitz. Die dahinschwindende Lebensdauer wird verewigt und bringt immerwährende Früchte hervor, wenn man sie dem Ewigen und alles Aufrechterhaltenden Majestätischen Einen darbietet und auf Seinem Weg verbringt.

Hāqqa 69:40.

Die Augenblicke der Lebensdauer werden von außen betrachtet wie Kerne und Samen langsam entschwinden und verfaulen. Aber dann werden sie im Reich der Ewigkeit als Blumen des Glücks erblühen. Sie werden auch schon im Zwischenreich erblühen und jede von ihnen wird einen leuchtenden und anmutigen Anblick bieten.

DER ZWEITE GEWINN: Für das Treuhandgut wird das ewige Paradies als Preis angeboten.

DER DRITTE GEWINN: Der Wert eines jeden Gliedmaßes und eines jeden Wahrnehmungsvermögens wird um ein Tausendfaches erhöht.

DER VERSTAND: SCHLÜSSEL DES UNIVERSUMS UND HEILIGER LEHRMEISTER

Zum Beispiel ist der Verstand ein Werkzeug. Wenn du ihn nicht dem Allmächtigen Wahren verkaufst, sondern lieber um deines *nefs* willen einsetzt, wird er zu einem unheilvollen, schädlichen und schwächenden Instrument, das deinen zerbrechlichen Kopf mit all den schmerzlichen Sorgen aus der Vergangenheit und den entsetzlichen Ängsten vor der Zukunft belasten wird. Er wird auf das Niveau eines unheilvollen und destruktiven Werkzeugs herabsinken. Aus diesem Grund sucht ein sündhafter Mensch oftmals bei der Trunkenheit oder anderen Ausschweifungen Zuflucht, um dem Unbehagen und den Beunruhigungen seines Verstandes zu entkommen.

Wenn man seinen Verstand hingegen an seinen wahren Eigentümer verkauft und ihn in Seinem Namen einsetzt, wird er einem geheimnisvollen Schlüssel gleich, der die unendlich volle Schatzkammer der Barmherzigkeit und die mit Weisheit gefüllten, vergrabenen Schatzkisten, die die Schöpfung einschließen, öffnet. Als Schlüssel dienend nimmt der Verstand den Rang eines heiligen Lehrmeisters ein, der seinen Besitzer auf das ewige Leben vorbereitet.

DIE AUGEN: GESEGNETE BIENEN DES SCHÖPFERS

Das Auge ist eines der Wahrnehmungsorgane – ein Fenster, durch das der Geist in die Welt hinausschaut. Wenn du es nicht dem Allwahren verkaufst, sondern es lieber um deines *nefs* willen für sinnliche Begierden einsetzt und so auf kurzlebige, vergängliche Schönheiten und Anblicke starrst, wird es auf ein Niveau hinabsinken, auf dem es nur noch als sündhafter Kuppler für Gelüste und Begierden des Diktier-*nefs* dient.

Wenn du es hingegen dem Allsehenden Erschaffer verkaufst und es in Seinem Namen und innerhalb der von Ihm gesteckten Grenzen einsetzt, wird dein Auge in den Rang eines Studierenden des Großartigen Buchs des Universums erhoben und zum Zeugen der Wunder der Schöpfung des Herrn werden, wie eine gesegnete Biene, die an den Blüten der Barmherzigkeit im Garten dieser Welt saugt.[91]

---

91 En-Nahl 16:68–69: „Und dein Herr gab der Biene ein: ‚Nehmt euch Wohnstätten in den Bergen und in den Bäumen und in dem, was sie (die Menschen) sich bauen und weben mögen. Dann hole dir Nahrung von all den Früchten, und folge, indem du mit deinen Lasten heimkehrst, den Wegen deines Herrn, die dir leicht gemacht sind.' Aus ihren Leibern kommt ein Trank hervor von unterschied-

DER GESCHMACKSSINN: GOURMET IN DER KÜCHE GOTTES

Wenn du zum Beispiel den Geschmackssinn der Zunge nicht an seinen Weisen Schöpfer verkaufst, sondern ihn lieber um des *nefs* willen und im Namen des Magens einsetzt, wird er auf das Niveau eines Türstehers vor dem Pferdestall oder der Fabrik des Magens sinken.

Wenn du ihn jedoch an den Allgütigen Ernährer verkaufst, dann wird der Geschmackssinn der Zunge in den Rang eines begabten Aufsehers der Schatzkammer der Barmherzigkeit Gottes und eines dankbaren Inspektors oder Gourmets der Machtküchen des Unabhängigen Einen[92] aufsteigen.

Und du, Verstand, sei wachsam! Vergiss nicht und denk darüber nach, wie du einerseits zu einem unheilbringenden Instrument werden kannst, andererseits aber auch zu einem Schlüssel des Universums.

Ihr Augen, seht das Schöne! Erkennt den Unterschied zwischen einem perversen Kuppler und einem gelehrten Aufseher der Bibliothek Gottes.

Und du, Zunge, koste das Kostbare! Erkenne den Unterschied zwischen einem Pförtner eines Pferdestalls oder einem Wachmann einer Fabrik und dem Aufseher der privaten Schatzkammer der Barmherzigkeit Gottes.

Wenn du schließlich noch all die anderen Werkzeuge und Organe auf diese Art und Weise vergleichst, wirst

---

licher Farbe, in dem Heilung für die Menschen ist. Darin ist fürwahr ein Zeichen für Menschen, die nachdenken."

92 Siehe erstes Wort: „Küche der Macht".

du verstehen, dass sich der gläubige Mensch ein Wesen erwirbt, das ihn des Paradieses würdig erscheinen lässt; der Verkenner sich jedoch ein Wesen aneignet, das der Hölle entsprechend ist.

Der Grund, warum der Gläubige und der Verkenner unterschiedliche Wertschätzung im Jenseits erfahren: der Gläubige verwaltet durch seinen Glauben das anvertraute Gut seines Schöpfers um Seinetwillen und innerhalb Seiner Erlaubnis. Der Verkenner hingegen missbraucht das anvertraute Gut, weil er es um seines Diktier-*nefs* willen einsetzt.

DER VIERTE GEWINN: Der Mensch ist schwach und zahlreichen Heimsuchungen ausgesetzt. Er ist arm, seine Bedürfnisse gehen ins Unermessliche. Er ist abhängig, die Bürde des Lebens lastet sehr schwer auf ihm. Wenn er sich nicht auf den Allmächtigen Majestätischen Einen verlässt, sein Vertrauen in Ihn setzt und sich Ihm voller Zuversicht hingibt, wird sein Gewissen niemals Ruhe finden. Er erstickt in vergeblichen, fruchtlosen Qualen, Schmerzen und Bedauern, die ihn entweder zum Rausch oder zum reißerischen Tier in menschlicher Gestalt verleiten.

DER FÜNFTE GEWINN: Spirituelle Entdecker des Herzens und des Genusses sowie fachkundige Menschen der Schaugewissheit sind sich einig darin, dass dir in Zeiten höchster Bedürftigkeit die Lobpreisungen und Gottesdienste und der verdiente Lohn all deiner Wahrnehmungsorgane und Werkzeuge angerechnet und in Form von Früchten des Paradieses ausgehändigt werden.

Wenn du aber diese Transaktion mit ihrem fünffachen Gewinn ablehnst, wird dir nicht nur der Genuss dieses

Gewinns entgehen, sondern obendrein wirst du auch noch einen fünffachen Schaden erleiden müssen:

DER ERSTE SCHADEN: Dein Besitz und deine Nachkommen, die du so sehr liebst, dein *nefs* und deine Launen, die du so verehrst, die Jugend und das Leben, in die du so närrisch verliebt bist – sie alle werden verschwinden und du wirst sie verlieren. Sie werden dir ihre Sünden und Schmerzen überlassen und sich an deinen Nacken heften.[93]

DER ZWEITE SCHADEN: Du wirst die Konsequenzen für den Missbrauch des anvertrauten Guts tragen müssen, denn du hast die unschätzbaren Werkzeuge für absolut wertlose Dinge verwendet und dein *nefs* ungerecht behandelt.[94]

---

93 El-Isrā᾽ 17:13: „Jedem Menschen haben Wir sein Geschick um seinen Hals befestigt, und am Tag der Auferstehung werden Wir für ihn ein Buch hervorbringen, das er offen aufgeschlagen sehen wird."

94 El-Baqara 2:57: „Und (da ihr ohne Beistand in der Wüste und ohne Obdach und Nahrung nicht hättet überleben können) ließen Wir die Wolke (die, wie ihr deutlich sehen konntet, für euch bestimmt war) Schatten über euch ausbreiten und sandten euch Manna und Wachteln herab, indem Wir sagten: ‚Esst von den guten, reinen Dingen, die Wir euch bereitet haben.' Doch (indem sie die Gesetze brachen und sich weigerten, Unsere Gebote selbst hinsichtlich der Nahrung zu befolgen), schadeten sie nicht Uns, sondern fügten sich selbst Schaden zu." Āl ʿImrān 3:117: „Das Gleichnis dessen, was sie im diesseitigen Leben spenden (um ihre Ziele unter humanitärem oder religiösem Deckmantel zu erreichen), ist wie das Gleich-

DER DRITTE SCHADEN: Durch die Herabwürdigung aller kostbaren Fähigkeiten des Menschen auf ein Niveau, weit unter dem der Tiere hast du die Weisheit Gottes verhöhnt[95] und gegen sie verstoßen.[96]

---

nis eines schneidenden Windes in Begleitung von Frosteinbruch; er kommt über die Saatfelder eines Volkes, das sich selbst Unrecht getan hat (durch seine falschen Glaubensvorstellungen und falsches Handeln) und vernichtet sie. Und nicht Gott hat ihnen Unrecht getan, sondern sie tun sich selbst Unrecht." Siehe außerdem u. a. El-Aʿrāf 7:160; Et-Tewbe 9:70; Yūnus 10:44.

95 En-Nisāʾ 4:48: „Wahrlich, Gott vergibt nicht, dass Ihm Teilhaber zur Seite gestellt werden. Doch Er vergibt das, was weniger schlimm ist, wem Er will (wen immer Er zur Reue und Rechtschaffenheit geleitet hat, entweder einzig aus Seiner Barmherzigkeit heraus oder weil derjenige sich aufgrund seines freien Willens für Reue und Rechtschaffenheit entschieden hat). Wer immer Gott Teilhaber zur Seite stellt, der hat fürwahr eine höchst verabscheuungswürdige Verleumdung und eine große Sünde begangen."

96 El-Aʿrāf 7:179: „Wahrlich, unter den Djinn und Menschen sind viele, die Wir geschaffen (und bestimmt) haben für die Hölle (weil Wir wissen, dass sie dies verdienen). Sie haben Herzen, mit denen sie nicht versuchen, die innere Bedeutung der Dinge zu erfassen, um die Wahrheit zu begreifen, und sie haben Augen, mit denen sie nicht sehen, und sie haben Ohren, mit denen sie nicht hören. Sie sind wie Herdenvieh (das lediglich seinem Instinkt folgt) – nein, sie sind noch weiter abgeirrt (vom rechten Weg und benötigen dringend Rechtleitung). Sie sind es,

DER VIERTE SCHADEN: In deiner Hilflosigkeit und Armseligkeit wirst du die schwere Bürde des Lebens auf deine schwachen Schultern laden müssen und unter den Stürmen der Vergänglichkeit und Trennung unaufhörlich ächzend trauern.

DER FÜNFTE SCHADEN: Du wirst die wertvollen Geschenke des Barmherzigen wie etwa den Verstand, das Herz, die Augen oder die Zunge, die dir verliehen wurden, damit du die Fundamente des ewigen Lebens legst und Vorbereitungen für die Glückseligkeit im Jenseits triffst, in hässliche Wesen verwandeln, die dir nur die Tore der Hölle öffnen.

Nun denken wir also sorgfältig nach, ob wir das Treuhandgut nicht doch lieber verkaufen möchten! Warum gelingt das denn so wenigen Menschen? Ist es wirklich so schwer, es zu verkaufen?

Überhaupt nicht! Es ist gar nicht schwer. Denn die Grenzen des Erlaubten *(halāl)* sind weit gesteckt und reichen aus, um das menschliche Bedürfnis nach Vergnügen zu befriedigen. Es gibt keinen Grund, die Grenzen zum Verbotenen *(harām)* zu überschreiten. Die uns von Gott auferlegten Kernaufgaben *(farā'iz)* sind leicht und gering

---

die unachtsam und gedankenlos sind." El-Furqān 25:44: „Oder meinst du, dass die meisten von ihnen (wirklich) zuhören oder nachdenken und verstehen? Sie sind nicht anders als das Vieh (das nur seinen Trieben folgt). Nein, sie achten sogar noch weniger auf den rechten Weg (und bedürfen deshalb noch mehr der Leitung als das Vieh)."

an Zahl. Zudem ist es eine unbeschreiblich große Ehre und ein Genuss, Diener und Soldat Gottes zu sein.

Der Auftrag des Menschen besteht darin, alles im Namen Gottes zu beginnen und auszuführen, alles im Namen Gottes zu nehmen und zu geben sowie in Übereinstimmung mit Seinen erlaubten Grenzen zu handeln und Ruhe zu finden – wie ein loyaler Soldat. Wenn aber jemand einen Fehler begeht, sollte er seine Schuld erkennen und inständig um die Vergebung Gottes bitten: „O Herr! Vergib uns unsere Verfehlung und nimm uns als Deine Diener an; mache uns zu vertrauenswürdigen Verwaltern Deines Guts, bis die Zeit zu dessen Rückgabe gekommen sein wird. Amen."

DAS SIEBTE WORT

- Die Formel „Ich glaube an den Allmächtigen Schöpfer und an das Jenseits“[97] ist besonders wertvoll, denn durch diese beiden zauberhaften Problemlöser wird das Rätsel des Universums offenbart und das Tor zum Glück der menschlichen Seele aufgestoßen.
- Das geduldige Vertrauen auf seinen Schöpfer und die Zuflucht bei Ihm sowie die dankbaren Anfragen und Bittgebete, die an seinen Ernährer gerichtet sind, stellen zwei wirksame Heilmittel dar.
- Durch das Hören des Korans, die Befolgung seiner Anweisungen, das Verrichten der Hauptgebete und das sich Fernhalten von großen Sünden *(kebāʾir)* erwirbt der Mensch sich die notwendigen Papiere und den Pass für die Reise in die Ewigkeit. Er erhält ein Licht für das Grab und Proviant für das Jenseits.

Wenn du all diese Wahrheiten begreifen möchtest,
dann höre dir folgendes Gleichnis an:

97 Hier werden zwei von sechs Grundlagen der islamischen Glaubenslehre genannt. Die Weisheit hinter der Nennung dieser beiden kann man folgendermaßen erklären: In mehr als dreißig Versen des Korans wird der Glaube an Gott zusammen mit dem Glauben an das Jenseits genannt (z. B. El-Baqara 2:62). Zudem gibt es zahlreiche Hadithe, auf die das ebenfalls zutrifft. Könnte man die sechs Glaubensgrundlagen zusammenfassen, würden diese beiden übrigbleiben. Sie sind die essentiellen Glaubensgrundsätze.

X. Die Allegorie vom schwer verwundeten Soldaten

Ein Soldat war bereits auf einer langen Reise im Exil unterwegs. Er fand sich plötzlich inmitten eines Krieges wieder, inmitten einer Versuchung, in einer fürchterlichen Lage zwischen Gewinn und Verlust. Er war verletzt, hatte sich links und rechts zwei schwere und tiefe Wunden zugezogen. Hinter ihm lauerte ein riesiger Löwe, bereit ihn zu zerreißen. Vor ihm stand ein Galgen, an dem nach und nach all seine Liebsten aufgehängt und hingerichtet wurden und der auch ihn erwartete. Während der Arme in dieser furchtbaren Situation noch verzweifelt grübelte, erschien zu seiner Rechten, ähnlich wie Khidr,[98] ein wohlwollen-

98 Khidr, auch Khadr (türk. *Hızır* bzw. *Hıdır*) genannt, war ein rechtschaffener Diener Gottes, möglicherweise ein Prophet. Bediuzzaman vertritt die Meinung, Khidr habe in der Zeit des Propheten Abraham gelebt und damals den historischen Dhū'l-Qarneyn, einen König aus dem Jemen, unterrichtet (siehe auch Bediuzzaman, Sechzehnte Reflexion, 2. Frage). Dieser These zufolge soll er mit Abraham aus Babel ausgewandert und später in den Jemen gelangt sein. Er war mit Gotteserkenntnis und einer speziellen Form des ewigen Lebens gesegnet und er kannte den Sinn hinter den Ereignissen des Lebens. Aufgrund der Tatsache, dass jede Seele den Tod kosten und keinem Menschen auf dieser Welt eine Ewigkeit gewährt wird, wird auch Khidr einst sterben – nämlich dann, wenn der Koran in der Endzeit sowohl aus den Gedächtnissen der Menschen als auch aus den Büchern

der Gefährte, leuchtender Weise, der zu ihm sprach: „Verzweifle nicht! Ich werde dich jetzt zwei geheimnisvolle Formeln lehren. Wenn du sie richtig verwendest, verwandelt sich der Löwe hinter dir in ein gehorsames Pferd und der Galgen wird zu einer vergnüglichen Schaukel. Außerdem bekommst du von mir zwei Heilmittel. Wenn du mit ihnen deine eitrigen, stinkenden Wunden ordentlich behandelst, werden diese beiden sich in zwei feine und schön duftende rote Blumen verwandeln, welche die Rose Muhammeds (Frieden und Segen seien mit ihm) genannt wird. Schließlich werde ich dir auch eine Fahrkarte geben, die dir ermöglichen wird, innerhalb eines einzigen Tages eine Entfernung von einem Jahr[99] zurückzulegen. Wenn

---

getilgt sein wird. Ibn Abbas zufolge wird Khidr nicht sterben, bevor er nicht den Antichrist getroffen hat und seiner Behauptung, eine Gottheit zu sein, entgegengetreten ist. Die Geschichte von Khidr und Moses im Koran ist ein stichhaltiger Beleg für die Existenz dieser geheimnisvollen Person (siehe El-Kehf 18:65–82). Wie der Geschichte im Koran zu entnehmen ist, war die Mission von Khidr mit dem ālem ul-emr verknüpft. Diese Sphäre zeichnet sich durch Zeitlosigkeit und Formlosigkeit aus, in ihr existieren die Dinge und Ereignisse in Befehlsform *(kun)*. Jedoch wird im Koran keine unwiderlegbare und eindeutige Aussage zu Khidrs Fortleben getroffen.

99 Der Lehrmeister geht bei seiner Zeitangabe davon aus, dass man zu Fuß unterwegs ist. Entsprechend der koranischen Messung wird davon ausgegangen, dass man an einem Tag 30 km zu Fuß zurücklegen kann. Also entspricht eine Entfernung von einem Jahr ca. 10.950 km.

du irgendeinen Zweifel hegst: Probiere es aus und du wirst sehen, dass ich die Wahrheit spreche.“

Er probierte es aus und konnte die Richtigkeit der Aussage bestätigen. Auch ich, der arme Said,[100] kann das bezeugen. Ich habe es ausprobiert, und es hat sich bestätigt.

Plötzlich sah er, dass zu seiner Linken ein betrügerischer, betrunkener, hinterhältiger und teufelsgleicher Mann stand, welcher Schmuck, lusterregende Bilder, Phantasien und Rauschmittel mitgebracht hatte und zu ihm sagte: „Hey, mein Freund! Komm her, lass uns lieber trinken und unser Vergnügen suchen, uns Bilder von hübschen Mäd-

---

Siehe Sabā᾽ 34:12: „Und Salomon haben Wir den Wind (untertan gemacht): Sein Morgenlauf betrug die Entfernung von einer Monatsreise (bei üblicher Geschwindigkeit), und sein Abendlauf (betrug ebenfalls) eine Monatsreise."

100 Wenn sich Said Nursi an dieser Stelle als einen armseligen Menschen bezeichnet, dann ist dabei zu berücksichtigen, dass sich auch andere große Gelehrte aus aufrichtiger Bescheidenheit als Sünder, als Rebell oder als ungehorsamen Diener Gottes bezeichnen. Den gewöhnlichen Dienern Gottes steht es zu, solche Selbstbezeichnungen großer Gelehrter gemäß dem folgenden Prinzip zu bewerten: Die Wohltaten der rechtschaffenen Diener Gottes sind von gleichem Wert wie die Sünden derjenigen Diener Gottes, die Ihm am nächsten sind *(hasenāt el-ebrār – seyyi'āt el-muqarrabīn*. Die Stellen, an denen der Lehrmeister seinen Namen einsetzt, sollten von der Leserschaft mit eigenem Namen gelesen werden, um vom Gelesenen maximal profitieren zu können.

chen ansehen, lusterregende Musik hören und diese leckeren Speisen hier essen und trinken!" Dann fragte der Mann ihn: „Was nuschelst du denn da?" Der Soldat antwortete: „Eine heilige Formel."

Der Mann entgegnete: „Das versteht doch eh keiner. Wir wollen uns doch nicht den Spaß verderben lassen!" Dann fragte er: „Was hast du denn da in der Hand?" Der Soldat antwortete: „Ein Heilmittel."

Der Mann forderte ihn auf: „Wirf sie weg! Du bist doch vollkommen gesund! Es ist Zeit zu feiern." Der Mann fragte weiter: „Was ist denn das da für ein Papier mit den fünf Siegeln?"

Der Soldat sagte: „Das ist eine Fahrkarte und ein Zuweisungsbescheid."

Der Mann sagte: „Zerreiß das alles! Wieso sollten wir an einem so schönen Frühlingstag wie heute verreisen?"

Auf diese Weise versuchte der teuflische Mann ihn zu verführen und zu überzeugen. Der Arme tendierte sogar dazu, auf ihn zu hören. Fürwahr, der Mensch lässt sich täuschen. (Und auch ich bin von so einem hinterlistigen Verführer getäuscht worden.)

Plötzlich aber hörte der Soldat zu seiner Rechten eine Stimme wie ein Donnerschlag: „Wach auf! Lass dich bloß nicht täuschen! Sag zu diesem hinterlistigen Verführer: ‚Wenn du in der Lage bist, den Löwen hinter mir zu töten, töte ihn. Wenn du den Galgen von mir fernhalten kannst, dann tu das. Wenn du meine Wunden heilen kannst, heile sie. Wenn du meine Reise im Exil verhindern kannst, dann mach das. Na los, tu es! Zeig uns, dass du das alles schaffst. Erst danach kannst du sagen: „Lass uns dem Vergnügen hingeben.“ Wenn du das aber nicht schaffst, dann sei still, du hinterhältiger Töricht, damit diese Himmelsperson, so wie Khidr, ungehindert sprechen kann!‘„

Von der Allegorie zur Wahrheit

Nun zu dir, mein *nefs,* das während seiner Jugend lachte und wegen der Dinge, die es damals zum Lachen brachten, heute weint! Wisse:

- Unsere Situation in dieser Welt entspricht der Situation des armen Soldaten. Du bist wie er, und er ist wie jeder Mensch.
- Der Löwe ist unsere festgelegte Todesstunde.
- Der Galgen steht für Tod und Trennung. Mit jedem Wechsel von Tag und Nacht verabschieden sich einige unserer Freunde und verschwinden.
- Die zwei Wunden sind die unendlich große, quälende menschliche Machtlosigkeit und die schmerzliche, grenzenlose menschliche Armseligkeit.
- Die Exil-Reise ist eine lange Prüfungsreise und sie führt uns von der Seelenwelt in die diesseitige Welt, über den Mutterleib durch die Jugend ins hohe Alter, um schließlich ins Grab und die Zwischenwelt zu münden, von wo es weitergeht zum Tag der Auferstehung und zum Passieren der *Sirat*-Brücke [hinter der das ewige Leben im Jenseits beginnt].
- Die zwei Formeln stehen für den Glauben an Gott und an das Jenseits. Mit diesen zwei segensreichen Formeln verwandelt sich der Tod in ein zahmes Pferd und in ein *Buraq,* das den gläubigen Menschen aus

dem Kerker der Welt in die Gärten des Paradieses zur Gegenwart des Erbarmers trägt. Aus diesem Grund haben Menschen der Vervollkommnung, die die Wahrheit des Todes erkannt haben, den Tod angenommen und gemocht. Sie wollten sogar den Tod erleben, bevor ihre Todesstunde gekommen war.[101]

- Der Fluss der Zeit,[102] welcher durch Abschied und Trennung, durch Tod und Ableben und durch den Galgen gekennzeichnet ist, wird durch das Geheimnis des Glaubens [an das Jenseits] tatsächlich zu einem Mittel, das uns die ständig erneuernden und farbenprächtigen Wunderstickereien und Wundertaten Seiner Macht und die Reflexionen Seiner Barmherzigkeit demonstriert. Dadurch, dass die Spiegel bzw. Prismen, die die Farben des Sonnenlichts zeigen,

---

101 Dieser Satz geht auf den bekannten Spruch „Mūtu qable en temūtu" zurück; siehe Yūsuf 12:101: „O mein Herr! Du hast mir fürwahr gar große Herrschaftsgewalt gegeben und mir einiges Wissen über den tieferen Sinn aller Geschehnisse (einschließlich der Träume) gewährt. O Du Schöpfer der Himmel und der Erde, die beide mit ihren besonderen Merkmalen ausgestattet sind! Du bist mein Eigner und Beschützer in dieser Welt und im Jenseits. Nimm meine Seele zu dir als Muslim, und vereine mich mit den Rechtschaffenen."

102 Betrachtet man das Vergehen der Zeit mit der Brille des Glaubens, verwandelt sich die Erde in eine Bühne oder Leinwand, auf der die wundersamen Taten und Kunstwerke Gottes mit Freude und Genuss dargestellt und erlebt werden.

vielgestaltig sind und ständig ausgetauscht und erneuert werden, so wie auf der Kinoleinwand Szenen ständig wechseln, entstehen noch schönere Landschaften und Aussichten.[103]

DAS ERSTE HEILMITTEL

Bei dem ersten der beiden Heilmittel handelt es sich um Gottvertrauen und Geduld, also das Stützen auf die Allmacht und das Vertrauen auf die Weisheit des Schöpfers. Ist das tatsächlich so?

Selbstverständlich, denn was braucht ein Mensch noch zu fürchten, wenn er sich mit seiner „Unfähigkeitsbescheinigung" voll und ganz auf Gott stützt, den Herrscher der Welt, den Alleinigen Geber des Befehls „Sei! – Und es wird"?[104]

Selbst angesichts schrecklichster Heimsuchungen sagt ein solcher Mensch: „Wir gehören Gott, und zu Ihm kehren wir zurück."[105] Er vertraut mit größtmöglicher Gelas-

---

103 Alles im Universum sind Spiegel bzw. Prismen der Namen Gottes und durch den Austausch und die Erneuerung der Spiegel zeigt sich die Schönheit Gottes immer wieder aufs Neue. Obwohl der Lehrmeister hier wörtlich von einem „Spiegel" spricht, meint er zweifelsohne ein Prisma, weil es die Farben des Sonnenlichts zeigt.

104 Yā. Sīn 36:82: „Wenn Er etwas ins Dasein rufen will, dann sagt Er nur zu ihm: ‚Sei!', und es wird."

105 El-Baqara 2:155–156: „Und bestimmt werden Wir euch prüfen mit etwas Angst und Hunger und Minderung an Besitz, Seelen und Früchten (Einkünften); doch verkünde

senheit im Herzen auf seinen Barmherzigen Gott. Aus diesem Grunde genießen die Erkenner Gottes sogar ihre Machtlosigkeit und ihre Furcht vor Gott. Gewiss, in dieser Furcht liegt der Genuss.

Könnte man ein einjähriges Kind fragen, wo es sich am wohlsten fühlt, so würde es erwidern: „Im barmherzigen Schoß meiner Mutter, wenn ich mir meiner Machtlosigkeit und meiner Schwäche bewusst bin und Zuflucht bei ihr suche vor ihrer süßen und sanften Ermahnung." Aber selbst das gesamte Mitgefühl aller Mütter auf der Welt ist nur ein Funke der Widerspiegelung der Barmherzigkeit Gottes.[106]

Daher fanden Menschen der Vervollkommnung in Hilflosigkeit und Gottesfurcht eine derartige Erfüllung, dass sie sich von ihren eigenen Stärke- und Machtansprüchen lösten und eingedenk ihrer Unzulänglichkeit Zuflucht bei

---

frohe Botschaft den Standhaften und Geduldigen: Jene die, wenn sie ein Unglück trifft, sagen: ‚Wahrlich, Gott gehören wir (als Seine Geschöpfe und Diener), und wahrlich, zu Ihm kehren wir zurück.' (Und die auch entsprechend handeln.)"

106 Siehe El-Buḫārī, *Edeb* 19: Ich habe Gottes Gesandten sagen gehört: „Gott hat seine Barmherzigkeit in hundert Teile geteilt und 99 davon hat er bei sich behalten und den einen Teil auf die Erde geschickt. Aufgrund dieses einen Teiles empfinden seine Geschöpfe zueinander Barmherzigkeit. Deswegen schont eine Mutterstute ihr Fohlen vor ihrer eigenen Hufe, um nicht auf ihm zu trampeln." Siehe u. a. Muslim, *Tewbe* 17, 20, 21; Tirmiḏī, *Da'awāt* 99.

Gott suchten. So machten sie ihre Unzulänglichkeit und ihre Ehrfurcht [vor Gott] zu einem Mittel der Fürsprache bei Gott.

DAS ZWEITE HEILMITTEL

Bei dem zweiten Heilmittel handelt es sich um das Bittgebet und das Ersuchen Gottes zusammen mit Danksagung und Genügsamkeit sowie das Vertrauen auf die Barmherzigkeit des Großzügigen Ernährers.

Ist das so? Ja, der Großzügige Ernährer breitet die ganze Erde zu einem gedeckten Tisch aus, macht den Frühling zu einem Blumenstrauß und schmückt den Tisch damit. Warum sollte der Gast eines dermaßen großzügigen Ernährers seine eigene Armseligkeit und Bedürftigkeit als eine unerträgliche und schmerzhafte Last empfinden? Ganz im Gegenteil, Armut und Bedürftigkeit erscheinen in Form eines angenehmen Appetits; so wie der Gast seinen Appetit zu steigern versucht, versucht er auch, seine Armut zu vergrößern. Genau aus diesem Grund rühmten sich die Menschen der Vervollkommnung ihrer Armut. Nur, damit es nicht missverstanden wird: [Das Bewusstsein um die eigene Armut] bedeutet in diesem Kontext Armut gegenüber Gott und die an Ihn gerichtete Bitte. Es bedeutet nicht, dass man Armut und Not wie ein Bettler vor anderen Leuten zur Schau stellt.

DIE FAHRKARTE

Was die Fahrkarte angeht, so symbolisiert sie die Erfüllung der Hauptverantwortungen, allen voran die täglichen fünf

Hauptgebete und die Vermeidung großer Sünden. Warum kann man das sagen?

Alle fachkundigen Menschen der Schaugewissheit sowie alle spirituellen Entdecker des Herzens und des Genusses stimmen darin überein, dass Proviant und Ausrüstung, Licht und *Buraq* auf diesem langen und finsteren Weg in die Ewigkeit nur durch die Befolgung der Gebote und die Beachtung der Verbote des Korans erlangt werden können. Naturwissenschaften, Philosophie, Kunst und Geisteswissenschaften reichen allein nicht aus, um diesen Weg zu erhellen. Ihr Licht reicht nur bis zum Grabestor.[107]

So höre mein faules *nefs!* Wie einfach und leicht ist es doch, die täglichen fünf Hauptgebete zu verrichten und die sieben schweren Sünden zu unterlassen, es erfordert nicht viel. Wie vielzählig, wichtig und groß hingegen die Wirkung, die Früchte und der Nutzen sind, wirst du begreifen, wenn du darüber nachdenkst und dein Verstand nicht verwirrt ist. Wenn du das erkannt hast, dann wirst du dich an den Teufel und den Mann, die zur Auflehnung sowie zur Sünde und Ausschweifung verleiten wollen, wenden und sagen: „Wenn es eine Möglichkeit gibt, den Tod, das Unvermögen und die Armut des Menschen zu überwinden und das Grabestor zu verschließen, so sprich, wir sind ganz Ohr. Andernfalls sei still, denn in der großen Moschee des Kosmos liest der Koran[108] das Universum, auf ihn lasst uns

107 Siehe u. a. El-Buḫārī, *Riqaq* 42; Muslim, *Zuhd* 5; Tirmiḏī, *Zuhd* 46.

108 Er-Raḥmān 55:1–3: „Der Erbarmer. Er hat den Koran gelehrt; Er hat den Menschen erschaffen." El-Alaq 96:1 „Iqra"

hören! Möge sein Licht uns aufklären. Lasst uns in seiner Rechtleitung wirken. Und von unseren Lippen möge er nie weichen. Er ist das Wort, so wird er genannt. Er ist die Wahrheit, er kommt vom Ehrwürdigen Wahren, zeigt die Wahrheit und verkündet die erleuchtende Weisheit."

Abschließendes Bittgebet

O unser Herr! Erleuchte unsere Herzen mit dem Licht des Glaubens und des Korans.

O Gott! Bereichere uns, indem du uns das Bewusstsein gewährst, dass wir Dir gegenüber arm sind. Lass uns nicht verarmen durch die Einbildung, dass wir Deiner Barmherzigkeit nicht bedürfen.

Wir haben uns von unserer (angeblichen) Macht und Stärke gelöst und suchen Zuflucht bei Deiner Macht und Stärke. So lass uns zu denen gehören, die ihr Vertrauen in Dich setzen, und überlasse uns nicht uns selbst. Schütze uns durch Deinen Schutz.

Sei uns und allen anderen gläubigen Frauen und gläubigen Männern gegenüber barmherzig. Segne unseren Lehrer Muhammed, Deinen Diener und Propheten, Deinen Auserwählten und Deinen Seelenfreund, das Juwel Deines Reiches, den Besten der Schöpfung, das Zentrum Deiner Zuwendung, die Sonne Deiner Rechtleitung, die Zunge Deiner Beweise, die Verkörperung Deiner Barmherzigkeit, das Licht Deiner Schöpfung, das Edelste Dei-

---

Ausgehend vom obigen Vers ist zu erschließen, dass Gott den Koran dem Universum gelehrt hat. Deshalb sagt der Lehrmeister, dass der Koran diesen Kosmos liest.

ner Geschöpfe, die Lampe Deiner Einheit unter der Vielfalt Deiner Geschöpfe, den Enthüller des Geheimnisses Deines Universums, den Verkünder des Reiches Deiner Herrschaft, den Prediger dessen, woran Du Wohlgefallen findest, den Verkünder der Schätze Deiner Namen, den Lehrer Deiner Diener, den Deuter Deiner Zeichen, den Spiegel des Glanzes Deiner Herrschaft, den Kreis und Kompass Deines Zeugnisses, durch den Du uns zu Bezeugenden werden lässt. Segne Deinen geliebten Gesandten, den Du als eine Barmherzigkeit für die Welten geschickt hast.

Segne ihn und seine Familie, seine Gefährten, seine Geschwister, die Propheten und Gesandten, Deine Engel und Deine rechtschaffenen Diener und schenke ihnen allen Frieden und Segen. Amen!

DAS ACHTE WORT

بِسْمِ اللهِ الرَّحْمٰنِ الرَّحِيمِ

. اَللهُ لاَ اِلٰهَ اِلاَّ هُوَ الْحَىُّ الْقَيُّومُ . اِنَّ الدِّينَ عِنْدَ اللهِ الْاِسْلاَمُ

Im Namen Gottes, des Allerbarmers, des Barmherzigen.
Gott, es gibt keine Gottheit außer Ihm, dem Lebendigen, dem Beständigen. (El-Baqara 2:255)
Gewiss, die Religion vor Gott ist die Gottergebenheit. (Āl ʿImrān 3:19)

Siehe und höre der folgenden Allegorie aufmerksam zu,[109] um die Washeit *(quidditas)* und den Wert dieser Welt und der Menschen in der Welt und des Geistes im Menschen und der Religion der Wahrheit für den Menschengeist zu erfassen; um zu begreifen, dass die Welt ohne die Religion der Wahrheit[110] zu einem finsteren Kerker und der Verkenner der Religion zum Unglücklichsten unter den Geschöpfen wird; um zu begreifen, dass „O Gott“ und „Keine

---

109 Der Koran fängt mit „Lies" an, das *Methnewi* mit „Höre zu" und das *Risale-i Nur* mit „bak, dinle", also „Schau hin und höre zu".

110 *dīn el-Haqq:* Et-Tewbe 9:33; An-Nūr 24:25; El-Fatḥ 48:28; As-Saff 61:9.

Gottheit außer Gott"[111] das Rätsel des Universums lüften und den Geist des Menschen von Finsternissen[112] befreien:

---

111 El-Aʿlā 87:14–19: „Erfolg haben wird der, der sich selbst (von Sünden) reinigt (geradeso wie sein Vermögen, indem er davon für die Sache Gottes und für die Bedürftigen spendet); und der des Namens seines Herrn gedenkt und das Gebet verrichtet. Doch ihr (o ihr Menschen) neigt dazu, das Leben dieser Welt vorzuziehen; obwohl doch das Jenseits besser ist und bleibender. Wahrlich, dies steht bereits in den früheren Schriftrollen - Den Schriftrollen von Abraham und Moses."

112 El-Māʾide 5:15–16: „Gekommen ist zu euch fürwahr von Gott ein Licht (das eure Sinne und Herzen erleuchtet und euren Weg erhellt) und ein Buch, das in sich eindeutig ist und klar die Wahrheit aufzeigt, durch die Gott all jene rechtleitet, die im Trachten nach Seinem Wohlgefallen (indem sie so handeln, dass Er damit einverstanden ist) den Pfad des Friedens, der Errettung und der Sicherheit befolgen. Und Er führt sie nach Seinem Gebot aus allen möglichen Arten (intellektueller, spiritueller, sozialer, wirtschaftlicher und politischer) Finsternis zum Licht, und Er leitet sie (in Glauben, Denken und Handeln) auf den geraden Weg." Ibrahim 14:1: „Elif. Lām. Rā. (Dies ist) ein Buch, das Wir dir herabgesandt haben, damit du die Menschheit mit der Erlaubnis ihres Herrn aus allen Formen der (intellektuellen, spirituellen, sozialen, wirtschaftlichen und politischen) Finsternis zum Licht führen mögest, zum Pfad des Ruhmreichen von unwiderstehlicher Macht, dem alles Lob gebührt (der sie und alle anderen Lebewesen versorgt und all ihre Bedürfnisse befriedigt)." Siehe ferner Al-Ḥadīd 57:9; El-Baqara 2:257.

XI. Die Allegorie von den zwei Menschen im Brunnen

Es brachen einst zwei Geschwister gemeinsam zu einer langen Reise auf. Nach einer Weile gelangten sie an eine Weggabelung, an der sie einen ernsten Mann sahen. Sie fragten ihn: „Welcher Weg ist der gute?“ Der Mann antwortete: „Die rechte Abbiegung erfordert das Befolgen des Gesetzes. Jedoch bringt diese Verantwortung und Mühe auch eine Sicherheit und Glückseligkeit mit sich. Der linke Weg hingegen ist ungezwungener und verspricht [scheinbare] Freiheiten. Gleichzeitig birgt diese Ungezwungenheit auch Gefahr, Unglück und Leid. Die Entscheidung über die Wahl des Weges ist eurem freien Willen überlassen.“[113]

Interessanterweise kommt Finsternis ähnlich wie im Koran im Plural vor. Das liegt daran, dass die Art der Verkennung unterschiedlich sein kann, aber der Glaube eines ist.

113 El-Balad 90:8–11: „Haben Wir nicht ein Paar Augen für ihn gemacht, und eine Zunge und zwei Lippen, und ihm die beiden Wege aufgezeigt (den einen, damit er befolgt werde, und den anderen, damit er vermieden werde)? Doch er gibt sich keine Mühe, um den steilen Weg nach oben einzuschlagen.“ Esch-Schems 91:8–9: „Und der ihm (dem Selbst) durch sein Gewissen eingegeben hat, was für es falsch und unrecht und was für es recht und gut ist – Der ist wahrlich erfolgreich, der es in Reinheit heranwachsen lässt (ohne selbstherrliche Auflehnung gegen Gott).“ Siehe auch El-Kahf 18:29 und bezüglich des rechten und linken Wegs El-Wāqiʿa 56:41.

Nachdem sie sich das angehört hatten, sagte der Tugendhafte der beiden: „Ich vertraue auf Gott“, nahm die rechte Abzweigung und erklärte sich bereit, allen Anordnungen Folge zu leisten. Sein Bruder jedoch war rebellisch und von schlechtem Charakter. Er nahm, nur um der scheinbaren Freiheit willen, die linke Abzweigung. Äußerlich erschien er sorglos, doch innerlich trug er eine schwere Last mit sich. Diesem Mann werden wir mit unserem geistigen Auge folgen:

Er gelangte nach einer Wanderung über Flüsse und Berge zu einer leeren Wüste. Plötzlich hörte er ein schreckenerregendes Gebrüll. Er blickte hinter sich und sah einen wilden Löwen, der aus einem Gebüsch herauskam und ihn angreifen wollte. Er rannte um sein Leben und kam an einen trockengelegten Brunnen, dessen Tiefe sechzig Ellen maß. Aus Furcht sprang er hinein. Während des Falls bekamen seine Hände auf halbem Weg in die Tiefe einen Baum zu fassen, der an der Brunnenwand wuchs. Er klammerte sich fest an ihn. Der Baum hatte zwei Wurzelstränge. Zwei Mäuse, eine weiße und eine schwarze, nagten an ihnen. Er schaute nach oben und sah, dass dort der Löwe wie ein Wachmann auf ihn lauerte. Dann schaute er nach unten und bemerkte einen furchtbaren Drachen[114] mit weit aufgerissenem Maul, so groß wie die Brunnenöffnung, der bis zu seinen Füßen in Höhe von 30 Ellen heranreichte. Er betrachtete sich die Brunnenwand und stellte fest, dass er von schädlichem, beißendem Ungeziefer umzingelt war. Er schaute sich erneut den Baum an, und bemerkte, dass

114 Wahrscheinlich ein Krokodil oder eine Pythonschlange.

es sich um einen Feigenbaum handelte. Der Baum trug auf wundersame Weise eine Vielzahl verschiedener Früchte an seinen Ästen, von Walnüssen bis zu Granatäpfeln.

Die Perspektive des Menschen im Brunnen

Doch aufgrund seiner Fehldeutung und seiner Torheit wollte ihm nicht einleuchten, dass die Geschehnisse einen tieferen Sinn haben und nicht zufällig geschehen. Er kam nicht darauf, dass in diesen wundersamen Geschehnissen seltsame Geheimnisse verborgen waren. Er verstand nicht, dass es einen großen Wirkenden dahinter geben muss.

Sein Herz, seine Seele und sein Verstand klagten, jammerten und heulten insgeheim aufgrund der verzweifelten Situation. Aber sein Diktier-*nefs*[115] verschloss die Ohren gegenüber ihrer Klage. Es tat so, als ob es nichts wüsste, als ob nichts gewesen wäre. In seiner Selbsttäuschung fing der Mensch an, die Früchte von diesem Baum zu essen, als ob er sich in einem Obstgarten befände. Aber einige der Früchte waren giftig und schädlich.

In einem *hadith qudsi* sagt Gott: „Ich behandele Meinen Diener so, wie dieser Mich zu kennen glaubt."[116]

---

115 *nefs-i emmare:* diktierendes *nefs.* Im weiteren Verlauf dieses Werkes wird der Begriff „Diktier-*nefs*" verwendet.

116 Ein *hadith qudsī* ist ein Ausspruch des Propheten Muhammed, dessen Wortlaut dem Propheten aber dessen Sinngehalt Gott gehört. Das heißt *hadith qudsī*s sind mittelbare Offenbarungen von Gott, die aus dem Munde

Dieser unglückselige Mensch hielt das, was er im Brunnenschacht sah, aufgrund seines Argwohns und seiner Einfältigkeit für etwas Banales und hielt diese Einbildung für pure Realität. Ihm widerfuhr, was er für pure Realität hielt, und so widerfährt es ihm in der Gegenwart und so wird es ihm auch in Zukunft widerfahren. Weder stirbt er, um aus dieser Situation errettet zu werden, noch führt er ein erfüllendes Leben.[117] Er vegetiert lediglich in der Qual der Ungewissheit vor sich hin.

Wir lassen nun den Unglücklichen in seinen Qualen für eine Weile zurück und wenden uns seinem Bruder zu, um seinen Zustand zu verstehen.

Die Perspektive des anderen Menschen

Dieser segensreiche und intelligente Mensch zog ebenfalls seines Weges, allerdings erleidet er im Gegensatz zu seinem Bruder keinerlei Qualen. Er hat stets Gutes im Sinn, weil er einen guten Charakter hat, und stellt sich schöne Dinge vor, hat schöne Ideale vor Augen und ist sich selbst ein guter Gefährte.

---

des Propheten frei formuliert sind. Im Gegensatz zum Koran, der als unmittelbare Offenbarung Gottes gilt, bei dessen Wortlaut der Prophet keineswegs eine Rolle spielt. *Hadith Qudsi* von *Kleine Briefe*. Siehe Buḫārī, *Tewhid* 15, 35; Muslim, *Tewbe* 1; *Zikr* 2, 19; Tirmiḏī, *Zuhd* 51.

117 Aʿlā 87:13: „Er wird darin weder sterben (um vor der Strafe verschont zu bleiben) noch leben."

Er muss sich nicht anstrengen und abmühen wie sein Bruder, denn er kennt das Recht und die Ordnung und unterwirft sich ihnen, was für ihn Erleichterungen mit sich bringt. Unter besonderer Ruhe, Behaglichkeit und Sicherheit kann er so frei reisen.

Auf seiner Reise trifft er auf einen Garten mit schönen Blumen und Früchten, findet aber aufgrund von mangelnder Pflege auch Ungenießbares vor. Sein Bruder war auch auf solch einen Garten getroffen. Dieser suchte sich jedoch die ungenießbaren Dinge und verdarb sich damit den Magen. Ohne sich erfreuen und ausruhen zu können, war er aus dem Garten wieder hinausgetreten. Der Gutmütige jedoch handelte nach dem Prinzip: „Schaue immer auf das Gute", und beschäftigte sich nicht mit verdorbenen Dingen. Er genoss und nutzte die guten Dinge, konnte sich im Garten gut erholen und zog dann ebenfalls weiter.

Auf seinem Weg gelangte er – wie schon sein Bruder vor ihm – in eine große Wüste. Plötzlich vernahm er das Gebrüll eines Löwen, der auf ihn zustürmte. Auch er fürchtete sich, jedoch nicht so sehr wie sein Bruder, denn er geht grundsätzlich vom Guten aus und hat in seiner positiven Sichtweise die Überzeugung: „Diese Wüste hat einen Besitzer. Und mit hoher Wahrscheinlichkeit ist dieser Löwe Sein Diener und handelt auf Sein Geheiß." So tröstete er sich zwar, flüchtete aber trotzdem.

Auch er kam an den sechzig Ellen tiefen Brunnen und sprang hinein. Er hielt sich, wie sein Bruder, im Fall in die Tiefe auf halbem Wege an den Zweigen des Baums fest und so blieb er in der Luft hängen. Auch er erblickte die zwei Mäuse, die an den beiden Wurzelsträngen des Baums nagten. Er blickte hinauf und sah den Löwen. Er blickte hinunter und sah den Drachen. Wie sein Bruder vor ihm empfand auch er die Anspannung in dieser geheimnisvollen Situation.

Auch er machte sich Sorgen, doch diese waren tausendmal kleiner, als die seines Bruders. Der Grund dafür war sein guter Charakter, der seine Gedanken positiv stimmte. Und seine positiven Gedanken ließen die positiven Seiten der Dinge zum Vorschein treten.

Deshalb dachte er: „Diese seltsamen Ereignisse müssen miteinander in Zusammenhang stehen. Es sieht so aus, als würden sie alle auf Befehl gemeinsam agieren. In diesen Vorgängen steckt demnach ein Rätsel. Sie müssen unter der Kontrolle und der Macht eines verborgenen Herrschers stehen. Das bedeutet wiederum, dass ich nicht allein bin. Dieser verborgene Herrscher sorgt für mich und stellt mich gleichzeitig auf die Probe, er hat etwas Bestimmtes vor und führt mich deshalb auf diesen Weg."

Er wurde aufgrund dieser süßen Ehrfurcht und seiner positiven Denkweise neugierig: „Wer mag das sein, der möchte, dass ich ihn kennenlerne und mich deshalb mit einem bestimmten Ziel auf diesen seltsamen Weg schickt?" So ließ die Neugier in ihm die Liebe für denjenigen erwachen, der ihm dieses Rätsel gestellt hat. Diese Liebe wiederum weckte in ihm den Wunsch, das Rätsel und die Bewandtnis dessen, was ihm hier zustößt, zu lösen und zu verstehen. Außerdem stärkte sie seinen Willen, sich gute

Eigenschaften zu erwerben, an denen der Ersteller des Rätsels Gefallen finden wird.[118]

---

118 Die Umlenkung der Angst in Zuversicht: Es sei hier vermerkt, dass in dieser Analyse nicht der Fokus auf einen Wahrheitsanspruch der einen oder anderen Perspektive gelegt werden soll. Es geht hier vielmehr um die Analyse der inneren Dynamiken, verändert durch die Kraft der eingenommenen Perspektive. Die ursprünglich absolut gleiche Situation wird durch die Einnahme einer ganz unterschiedlichen Perspektive zu einer konstruktiven inneren Dynamik. In beiden Fällen herrscht Angst vor, die letztere jedoch ermöglicht eine konforme (harmonisch) assoziative Bewertung der Zusammenhänge. Die tugendhafte Lebensführung eröffnet im Denken der Person neue Perspektiven. Der Fokus wird sobald auf einen möglichen Zusammenhang gelegt, der wiederum einen Akteur hinter den Kulissen vermuten lässt. Entrissen von der passiv treibenden Kraft des Zufalls entsteht das Bewusstsein für ein harmonisches Zusammenspiel der einzelnen, scheinbar willkürlich handelnden Akteure, gleichsam einer Filmszene, die von einem Regisseur dirigiert wird. Auf der emotional-kognitiven Ebene entsteht zunächst Neugier, gefolgt von einer Zuneigung, welche sich vertieft und zu Begehren wird. Daraus resultiert eine Haltung, die dem Wohlgefallen des noch unbekannten, aber offensichtlichen Akteurs entspricht. Entsprechend der neuen Erkenntnisse durch die neu eingenommene Perspektive und Haltung eröffnet sich ein ganz neuartiger Verlauf der scheinbar unlösbaren Situation.

Auch erkannte er, dass es sich bei dem Baum, an dem er hängt, um einen Feigenbaum[119] handelt, jedoch um einen, der fast alle Arten von Früchten trägt. Er verlor daraufhin seine ganze Angst. Er begriff genau, dass dieser Baum in Wirklichkeit eine Art Übersicht,[120] ein Verzeichnis oder eine Ausstellung der verschiedenen Obstsorten darstellt. Dieser verborgene Eigentümer muss wohl diesen Feigenbaum auf geheimnisvolle und wundersame Weise mit Beispielfrüchten aus seinen Gemüse- und Obstgärten verziert haben, um zu demonstrieren, was für Speisen er für seine Gäste vorbereitet hat. Ansonsten könnte ein einziger Baum niemals eine derart große Vielfalt an Früchten tragen.

Er begann Bittgebete vorzutragen, bis ihm der Schlüssel zu diesem Geheimnis eingegeben wurde. Er verkündete daraufhin lautstark: „O Du Eigentümer dieses Schauplatzes und dieser Ereignisse! Ich befinde mich voll und ganz in Deiner Hand. Ich ergebe mich Deinem Schutz und stehe zu Deinen Diensten. Ich sehne mich nach Deinem Wohlgefallen und suche Dich, um Dich kennenzulernen."

---

119 Der Feigenbaum wird im Koran erwähnt; bei diesem Baum hat Gott geschworen. Die Feige oder der Feigenbaum sollen auf einen Propheten hindeuten, wie der Berg Sinai und die sichere Stadt auf Mose und Muhammed (Friede sei mit ihnen) hinweisen: auf Buddha Gautama, der seine Erleuchtung unter einem Feigenbaum erfuhr. Menschen, die behaupten, dass Buddha ein Prophet des Islams sei, nennen ihn Dhu'l-Kifl, „Mann aus Kapila".

120 Gewissermaßen die „Demo-Version" der wahren Welt.

Kaum hatte er dieses Gebet gesprochen, teilte sich ganz unerwartet die Wand des Brunnens und eine Tür zu einem prächtigen und gepflegten Garten öffnete sich. Besser gesagt, das Maul des Drachen verwandelte sich in diese Tür. Der Drache und auch der Löwe wurden zu zwei Dienern, die ihn hereinbaten. Der Löwe wurde für ihn sogar zu einem gehorsamen Reittier.

Vergleich der Momentaufnahmen der Gemütszustände der Geschwister

Und nun, mein faules *nefs* und mein imaginärer Freund![121] Lasst uns die Lage der beiden Geschwister vergleichen, damit wir erkennen, wie Gutes zu Gutem und Übles zu Üblem führt:

Wir sehen, der unglückselige Reisende des linken Weges steht jederzeit in der Gefahr, in das Maul des Drachen zu fallen und zittert deshalb regelrecht vor Angst. Der Glückselige wird in einen üppigen und schönen Garten eingeladen.

Der Unglückselige erlebt starkes Leid und große Angst, weshalb ihm sein Herz fast stehen bleibt. Der Glückselige beobachtet und betrachtet in süßer Ehrfurcht die seltsa-

121 Der Adressat dieser ersten acht Worte ist nicht ganz imaginär. Der Lehrmeister berichtet an einer anderen Stelle über diese imaginäre Person. Sie sei eine Person, deren Geist seinem Geist ganz nahestehe, aber erst in der Zukunft auftauchen und höchstwahrscheinlich einem militärischen Beruf nachgehen werde.

men Dinge, zieht genussvoll Lehren daraus und liebt die gewonnenen Erkenntnisse.

Der Unglückselige leidet unter Einsamkeit, Hoffnungslosigkeit und Abgeschiedenheit. Der Glückselige wiederum genießt Freundschaft, Hoffnung und brennende Sehnsucht.

Der Unglückselige betrachtet sich selbst als einen Gefangenen, der den Angriffen von wilden Tieren ausgesetzt ist. Der Glückselige hingegen ist wie ein bedeutender Gast des großzügigen Gastgebers, der sich mit dessen Dienern anfreundet und sich vergnügt.

Der Unglückselige verschlimmert sein Elend, indem er vermeintlich schmackhafte, in Wirklichkeit aber zum Teil giftige Früchte isst, die lediglich als Kostprobe dienen aber nicht dazu gedacht sind, einfach aufgegessen zu werden; man darf sie kosten, damit man nach den Originalen begehrt. Man soll sie nicht wie ein Tier hinunterschlingen. Der Glückselige hatte davon probiert und verstanden; und schob es auf, sie aufzuessen. Die Sehnsucht [nach dem Original] bereitet ihm Genuss.

Der Unglückselige tut sich selbst Unrecht.[122] Statt eine taghell strahlende Wahrheit zu erkennen und sich prächtiger Verhältnisse zu erfreuen, verfällt er in seiner Kurzsichtigkeit dunklen und finsteren Einbildungen und seine Lage wurde zu einer Hölle. Daher verdient er weder Mitleid noch steht ihm das Recht zu, sich über irgendjemanden zu beschweren.

---

122 Vgl. Yūnus 10:44: „Gott fügt den Menschen kein Unrecht, aber die Menschen fügen sich selbst Unrecht zu."

EIN BEISPIEL: Eine Person sitzt im Sommer zusammen mit Freunden in einem schönen Garten. Herrliche Speisen stehen auf dem Tisch. Statt damit zufrieden zu sein und das zu genießen, berauscht sie sich fürchterlich und meint, es herrsche Winter und sie sei hungrig und nackt, wilden Tieren ausgesetzt und beklagt sich dann auch noch weinend und lauthals darüber – sie tat sich selbst Unrecht und verdient dadurch kein Mitleid. Diese Person sieht in ihren Freunden Monster – was für eine Beleidigung. Die Situation des Unglückseligen ähnelt genau dieser beschriebenen.[123]

Der Glückselige erkennt die Wahrheit. Und die Wahrheit ist an und für sich schön. Durch die Erkenntnis der Schönheit der Wahrheit respektiert er die Makellosigkeit des Besitzers der Wahrheit und verdient somit Seine Barmherzigkeit.

Mit diesem Gleichnis wird das Geheimnis des folgenden koranischen Prinzips offenbar: „Erkenne: Was dich

---

123 Diese Szene sollte eigentlich ganz am Anfang der Erzählung vorkommen. Der Lehrmeister schreibt beim Abenteuer des zweiten Bruders: „Sein Bruder war auch in einem ähnlichen Garten", obwohl er die Lage des ersten Bruders im Garten zuvor nicht erwähnt hatte. Vermutlich lässt er dieses Detail am Anfang aus einem uns unbekannten Grund aus, greift es dann aber im Falle des zweiten Bruders auf. Höchstwahrscheinlich schildert Nursi die Geschichte im *Mahabharata* eines Brahamanas und seiner Situation im Samsara.

an Gutem trifft, kommt von Gott; und was dich an Üblem trifft, kommt von dir selbst.“[124]

Vergleicht man alle Unterschiede der beiden Reisenden, versteht man, dass das Diktier-*nefs* dem einen Reisenden eine psychische Hölle bereitet hat, während die gute Absicht, die wohlwollende Einstellung, die guten Eigenschaften und die guten Gedanken des anderen ihm zu einem großen Geschenk, zu Glückseligkeit, glänzender Tugendhaftigkeit und Segen verholfen haben.[125]

---

124 En-Nisā᾽ 4:79.

125 Die Metaebene des Gedankenkonstrukts ist das „initiatorische Dreieck der konformen assoziativen Bewertung: Tugend – Perspektive – Assoziation“. Die Tugenden des Reisenden ermöglichten ihm schöne Gedanken, die ihm dazu verhalfen, alles von einer wundersamen Perspektive zu betrachten. Hier sei erwähnt, dass man in der Psychologie vom sogenannten kognitiven Dreieck spricht. Es beschreibt den Zusammenhang zwischen Denken, Fühlen und Handeln. Diese drei Elemente beeinflussen sich gegenseitig und man geht davon aus, dass Gedanken der Zündstoff für die weitere Entwicklung der emotionalen Kaskade sind. Das heißt, dass unsere Gedanken unsere Gefühle und diese im Zusammenspiel wiederum unser Handeln beeinflussen. Ergänzend zu diesem Mechanismus beschreibt Bediuzzaman an dieser Stelle der Geschichte eine interessante Dynamik, nämlich, dass die innere Haltung und die Tugend beziehungsweise ethisches Handeln die eingenommene Perspektive bestimmen und diese wiederum positive Gedanken hervorruft. Man könnte hypothetisch annehmen, dass hier

Nun zu dir, mein *nefs*, und zu dem Menschen, der mit meinem *nefs* dieser Geschichte gelauscht hat! Wenn du aufrichtig wünschst, der glücklichere der beiden Geschwister zu sein, dann höre dem Koran zu und folge seiner Rechtleitung, halte ihn fest in den Händen[126] und handele gemäß seinen Prinzipien.

Von der Allegorie zur Wahrheit

Wenn du die Elemente in dieser Allegorie verstanden hast, dann erkennst du darin die Essenz der Religion, des weltlichen Lebens, des Menschen und des Glaubens. Die wichtigen Punkte werde ich erläutern. Die Details kannst du für dich herausfiltern.

- Nun sieh, einer der beiden Geschwister symbolisiert den Geist eines Gläubigen und das Herz eines Recht-

---

eine Metaebene der Bildung von Gedanken angesprochen wird, das sogenannte initiatorische Dreieck der konformen assoziativen Bewertung. Gedanken wiederum wirken sich auf einer höheren Ebene positiv auf die Gefühlswelt aus. Der rechtschaffene Bruder bekommt zwar auch Angst und erschrickt beim Anblick des Drachen und der Situation allgemein. Doch seine präventiv eingenommene ethisch-moralisch tugendhafte Lebensweise dient ihm als Ressource und führt zu einer von Grund auf unterschiedlichen Bewertung der Situation.

126 Im Original *yapışmak* (kleben an, sich anschmiegen, ergreifen), anlehnend an die koranische Bezeichnung in Maryam 19:12.

schaffenen. Der andere vertritt den Geist eines Verkenners und das Herz eines Übeltäters.

- Von den beiden Wegen steht der rechte Weg für den Weg des Korans und des Glaubens. Der linke steht für den Weg des Aufstandes und der Verkennung, der Undankbarkeit.
- Der Garten auf dem Weg entspricht dem zeitlich begrenzten sozialen Leben, welches ein Merkmal der menschlichen Zivilisation und der menschlichen Gesellschaft ist. Dazu gehören Gutes und Böses, Schönes und Hässliches, Sauberkeit und Schmutz. Ein vernünftiger Mensch handelt nach dem Prinzip: „Nimm, was rein und angenehm ist, und lass die Finger von allem, was trübe und beklagenswert ist." So kann er seinen Weg mit ruhigem Herzen fortsetzen.
- Die Wüste steht für die Erde.
- Der Löwe [der ganz unerwartet auftaucht] steht für den Tod bzw. die Todesstunde.
- Der Brunnen symbolisiert den Körper des Menschen und seine Lebensdauer, und die sechzig Ellen Tiefe stehen für unsere durchschnittliche Lebenserwartung von sechzig Jahren.[127]
- Der Baum steht für die Lebensdauer und für die Quelle des Lebens.
- Die beiden Mäuse symbolisieren Tag und Nacht.

---

127 Der Lehrmeister bezieht sich auf einen Hadith, in dem besagt wird, dass die durchschnittliche Lebensspanne der Menschen bei 60 Jahren liegt (Tirmiḏī, *Zuhd* 23; *Daʿawāt* 101).

- Der Drache im Brunnen verkörpert den Weg der Zwischenwelt und den kurvigen Übergang ins Jenseits. Das Maul des Drachen stellt das Grab dar. Für einen Gläubigen steht dieses Maul für das Tor, welches vom Kerker in den Garten führt.[128]
- Die Insekten [an den Wänden] entsprechen den Sorgen und Nöten, denen sich die Menschen auf dieser Erde ausgesetzt sehen. Für einen Gläubigen sind diese Sorgen jedoch göttliche Warnungen und barmherzige Liebenswürdigkeiten, die ihn davor bewahren, in den Zustand der Gottvergessenheit zu fallen.
- Die Früchte am Baum stehen für die reichlichen Gaben dieser Welt, die von dem Absolut Großzügigen Einen als eine Menüliste, als Kostproben der Gnadengaben des Jenseits erschaffen wurden, als Appetitanreger, die die Gäste einladen, von den Paradiesfrüchten zu kosten, denen sie ähneln und an die sie erinnern.[129]

---

128 Siehe Buḫārī, *Djenāʾiz* 68, 87; Muslim, *Djennet* 70; Tirmiḏī, *Djenāʾiz* 70; Nesāʾ, *Djenāʾiz* 110; *Musned* 3:3, 4:287.

129 El-Baqara 2:25: „Doch verheiße denen, die glauben und Gutes tun, dass ihnen Gärten zuteilwerden, durch die Ströme fließen. Wann immer sie eine Frucht (von unterschiedlicher Farbe, Form, Geschmacksnote und Wohlgeruch, die ständig erneuert werden) daraus gereicht bekommen, sagen sie: ‚Das ist (doch dasselbe), was wir (schon) früher (auf Erden) zu essen bekamen.' Doch es wird ihnen nur Ähnliches gegeben (ähnlich dem, was ihnen sowohl in dieser Welt als auch zuvor in den Gärten gegeben worden ist, vertraut in Form und Farbe, damit es

- Es gibt nur einen Baum im Brunnen, dieser trägt jedoch verschiedenartige Früchte. Hier erkennt man das Siegel der göttlichen Macht des Unabhängigen Einen, den Stempel der göttlichen erziehenden Herrschaft (Rabb-heit) und die Marke, den Namenszug der Souveränität des Gottseins.

Ein Ding in alle möglichen Dinge und alles in ein Ding verwandeln

Die Kunst, ein Ding in alle möglichen Dinge zu verwandeln, beispielsweise

- aus derselben Erde alle Pflanzen und Früchte hervorzubringen oder
- aus Wasser alle Lebewesen[130] zu erschaffen oder

---

ihnen nicht deshalb abstoßend erscheint, weil sie es nicht kennen). Und sie werden darin Gefährten und Gefährtinnen von vollkommener Reinheit (befreit von allen weltlichen Unreinheiten) haben. Und (ewig) werden sie dort verweilen."

130 El-Enbiya 21:30: „Bedenken diejenigen, die ungläubig sind, denn jemals, dass die Himmel und Erde zunächst eine zusammenhängende Masse waren, und dass Wir sie dann in eigenständige Einheiten unterteilten; und dass Wir alles Lebendige aus Wasser erschaffen haben? Wollen sie also nicht gläubig werden?" Siehe auch El-Ḥādjj 22:5.

- aus einem einfachen Essen alle möglichen Organe des Körpers ins Leben zu rufen;

und umgekehrt die Kunst, alles in ein Ding zu verwandeln, beispielsweise aus den unterschiedlichen Arten von Nahrungsmitteln, die von einem Lebewesen verzehrt werden,

- für ihn bestimmte, besondere Fleischgewebe zu bilden oder
- eine einfache Haut zu weben,

ist das höchstpersönliche Siegel, der Stempel, der unnachahmbare Namenszug des Einzigartigen, Unabhängigen, Anfangs- und Endlosen Königs.

Ja, ein Ding in alle möglichen Dinge zu verwandeln und aus verschiedenen Dingen ein einziges Ding hervorzubringen, kann nur als persönliches Kennzeichen und Wunder eines Schöpfers gelten, der alles erschaffen hat und über alles Macht besitzt.

Das Rätsel ist der verborgene Sinn der Schöpfung, welches sich erst durch das Geheimnis des Glaubens erschließen lässt. Und der Schlüssel ist „O Gott Genannter, außer dem es keinen Gott gibt“ und „Gott – es gibt keine Gottheit außer Ihm, dem Lebendigen, dem Beständigen“.

DER DRACHE – EIN TOR ZUM KERKER DER EINSAMKEIT ODER ZUM GARTEN DER BARMHERZIGKEIT?

- Die Verwandlung des Mauls des Drachen in ein Gartentor weist darauf hin, dass das Grab für Menschen der Verkennung und der Überschreitung ein Tor ist, das ins Grab führt, das so beklemmend wie ein Kerker der Einsamkeit und der Vergessenheit und so eng wie der Bauch eines Drachens ist. Für Menschen des Korans und des Glaubens ist es hingegen ein Tor, das aus dem Kerker dieser Welt hin zum Garten der Ewigkeit, aus dem Prüfungsort hin zum Grünen der Paradiesgärten, aus der Bedrängnis des irdischen Lebens in die Barmherzigkeit des Allbarmherzigen führt.

DER LÖWE DES TODES – EINE ZERFETZENDE BESTIE DER TRENNUNG ODER EIN GEHORSAMES REITTIER DER WIEDERVEREINIGUNG?

- Dass der wilde Löwe zu einem freundlichen Diener und zu einem gehorsamen Reittier wird, deutet darauf hin, dass der Tod für diejenigen, die sich auf dem Weg der Verkennung befinden, eine schmerzhafte und unendliche Trennung von all deren Geliebten bedeutet. Außerdem ist der Tod eine Abschiebung, eine Abweisung aus ihrer scheinparadiesischen Welt und bedeutet Absetzung und Einsperrung in den Kerker des Grabes in Verlassenheit und Einsamkeit. Für Menschen der Rechtleitung und des Korans ist der Tod jedoch ein Mittel der Wiedervereinigung mit alten Freunden und Gefährten, die bereits ins Jenseits gelangt sind. Er ist für sie gewissermaßen der Übergang in ihre wahre Heimat und in das ewige Amt der Glückseligkeit, eine offizielle Einladung, sich vom Kerker der Erde in die ewigen Gärten zu begeben, eine Gelegenheit, den Lohn, den der Mitfühlende und Barmherzige Eine aufgrund Seiner

> Großzügigkeit für die Ihm geleisteten Dienste verspricht, zu erhalten. Der Tod ist sozusagen ein ewiger Feierabend von den Anweisungen und Übungen der Gottesdienerschaft und der Prüfung.

Um es noch einmal zusammenzufassen: Derjenige, der sich sein vergängliches Leben als eigentliches Ziel wählt, erlebt psychisch die Hölle, auch wenn er seiner Ansicht nach schon auf Erden im Paradies lebt. Wer aber ernsthaft nach dem ewigen Leben strebt, lebt in beiden Welten in Glückseligkeit. Selbst wenn sein irdisches Leben nicht schön und sorgenfrei ist, bewältigt er es mit dankbarer Geduld und nimmt es wohlwollend an, weil er darin das Wartezimmer, den Korridor zum ewigen Paradies sieht.

RESÜMEE

[Der Geist und das Herz des Menschen auf dem Weg der Religion, unterwiesen durch die Weisheit der Propheten, den Garten der Gesellschaft durchquerend in die Wüste dieser Welt, gefangen im Brunnen des Körpers und der Zeit, sich an den Zweigen des Baums des Lebens festhaltend, an dessen Wurzeln die Mäuse Tag und Nacht nagen, bedroht in jedem Moment, vom Löwen des Todes in die Richtung des Mauls des kurvigen Drachen des Grabes verjagt.

Der Baum des Lebens ist zwar ein Baum, aber seine Früchte, Genüsse und Qualen sind vielfältig. Die einzige Rettung vor diesem bedrückenden Zustand ist die Enthüllung des Rätsels des Universums und der Glaube an den Schöpfer dieses Rätsels und Universums und die Aneignung von guten Charakterzügen sowie das Bittgebet und die Gottergebenheit. Somit wird der Löwe des Todes sich in ein Reittier verwandeln, das uns mit unseren Geliebten wiedervereint, und der Drache des Grabes verwandelt sich in ein Tor, das in den Garten des Paradieses führt.]

Abschließendes Bittgebet

O Gott! Mache uns zu Menschen der Glückseligkeit, der Errettung, des Korans und des Glaubens. Amen!

O Gott! Segne unseren Herrpropheten Muhammed, seine Familie und Gefährten, und schenke ihnen allen Frieden und Segen – so zahlreich wie die Reflexionen der Buchstaben, die die Worte des Korans bilden und sich in den Spiegeln der Luftwellen mit Erlaubnis des Barmherzigen Einen reflektieren; so zahlreich wie die Reflexionen der Worte des Korans, die seit ihrer ersten Herabsendung bis hin zur Endzeit von jedem Rezitator vorgetragen wurden und noch werden.

Zeige uns, unseren Eltern und allen gläubigen Männern und Frauen so viel Barmherzigkeit wie die Anzahl der erwähnten Reflexionen, o Du Barmherzigster aller Barmherzigen. Amen. Gepriesen sei Gott, der Herr der Welten!

DAS NEUNTE WORT

بِسْمِ اللهِ الرَّحْمَنِ الرَّحِيم

فَسُبْحَانَ اللهِ حِينَ تُمْسُونَ وَحِينَ تُصْبِحُونَ. وَلَهُ الْحَمْدُ فِى

السَّمٰوَاتِ وَالْاَرْضِ وَعَشِيًّا وَحِينَ تُظْهِرُونَ

Im Namen Gottes, des Erbarmers, des Barmherzigen!

Preiset Gott, wenn ihr den Abend und wenn ihr den Morgen verbringt; denn Ihm gebührt aller Lob in den Himmeln und auf Erden und am Abend und zu eurer Mittagsruhe.[131]

Mein Bruder, du fragst mich nach den Weisheiten hinter der Zuteilung des Hauptgebets auf fünf Gebete zu fünf unterschiedlichen Tageszeiten.[132] Von den vielen Weisheiten, werde ich nur auf eine eingehen.

---

131 Er-Rūm 30:17–18. In diesem Vers werden vier der fünf Hauptgebete aufgezählt. Für das fünfte Hauptgebet siehe El-Baqara 2:238.

132 Siehe En-Nisā' 4:103.

JEDE GEBETSZEIT STELLT DEN BEGINN EINES WICHTIGEN Wendepunktes dar und ist ein Abbild der Verfügungsgewalt Gottes sowie Seiner universellen Wohltaten innerhalb dieser Verfügungsgewalt. Deshalb ist das Gebet zu den festgelegten Zeiten zu verrichten, um auf diese Weise dem Allmächtigen Majestätischen Einen noch größere Verehrung entgegenzubringen und Ihm für all die Wohltaten zu danken, die sich zwischen zwei Anlässen (Gebeten) angesammelt haben.

Um diesen feinen und tiefen Sinngehalt ein Stück weit verstehen zu können, sollte man sich folgende fünf Punkte gemeinsam mit meinem *nefs* anhören:

Erste geistreiche Bemerkung

Die Bedeutung des Hauptgebets ist die Lobpreisung Gottes, das Schätzen Seiner unendlichen Größe und die Dankbarkeit Ihm gegenüber:

- Seine Majestät durch Worte und Handlungen (Körperbewegungen) mit *Subhanallah* (Gepriesen sei Gott) zu preisen;
- Seine Vollkommenheit durch Worte und Handlungen mit *Allahuekbar* (Groß ist nur Gott) zu ehren;
- Seiner Schönheit durch das Herz, die Sprache und den Körper mit *Elhamdulillah* (Gedankt und gelobt sei Gott) zu danken.

Also sind *tesbih* und *tekbir* und *hamd* wie die Kerne des Hauptgebets und finden sich in allen Körperbewegungen *(harakāt)* und Gedenk-Worten *(ezkār)* des Hauptgebets wieder. Diese segensreichen Worte werden deshalb nach dem Gebet 33-mal wiederholt, um den Sinngehalt des Hauptgebets zu bekräftigen, zu unterstreichen und kompakt zusammenzufassen.

Zweite geistreiche Bemerkung

Der Sinngehalt des Gottesdienstes ist folgender: Der Diener am Tor der Barmherzigkeit Gottes, der sich seiner Fehler, Machtlosigkeit *('adjz)* und Armseligkeit *(faqr)* bewusst wird, wirft sich angesichts der Vollkommenheit Seiner Herrschaft *(kemāl-i rubūbīyet)*, Seiner unabhängigen und für uns unentbehrlichen Macht *(qudret-i ṣamedānīye)* mit Erstaunen und voller Liebe zu Boden.

Denn so wie die Souveränität Seiner erzieherischen Herrschaft, also Rabb-heit,[133] Dienerschaft, also Abd-heit, und Gehorsam voraussetzt, verlangt die Heiligkeit und die Makellosigkeit Seiner Rabb-heit[134], dass Sein Diener die eigene Mangelhaftigkeit und Fehlbarkeit erkennt, Ihn um Vergebung bittet[135] und mit jener Lobpreisung *(Subha-*

---

133 Türk.: Rubûbiyetin saltanâtı

134 Türk.: Rubûbiyetin kudsiyeti ve paklığı

135 Unterschied zwischen *istiġfār* und *tewbe: istiġfār* ist das Bitten um Vergebung, die Entschuldigung für fehlerhaftes Verhalten. *tewbe* ist die Rückkehr zu Gott. Siehe Hūd 11:3.

nallah) verkündet, dass sein Herr über jedweden Mangel *(naqā'is)* erhaben und rein ist. Er deklariert zudem durch diese Lobpreisung, dass sein Herr, also Rabb, sowohl über jedwede unwahren Vorstellungen und Zuschreibungen der Fehlgeleiteten[136] als auch über die Mängel des Universums erhaben und überragend ist.

---

136 *ehl ed-dalāle:* Menschen, die die Wahrheit verleugnen und bewusst irregehen. Hier sind Ungläubige gemeint. Der Begriff *ehl el-dalāle* umfasst jegliche Art von Fehlleitungen und Irrlehren, von Atheismus, Deismus, Naturalismus oder Agnostizismus bis hin zu den Irrlehren innerhalb des Islams. Anzumerken ist, dass Bediuzzaman diesen Begriff fast ausschließlich im Sinne des Korans anwendet. Dort bilden *ehl ed-dalāle* (die Fehlgeleiteten oder vom rechten Weg Abgekommenen) und *ehl el-hidāye* (die Rechtgeleiteten) ein Gegensatzpaar. Diese Begriffe mögen auf den ersten Blick den Eindruck erwecken, dass der Autor zum Schwarz-Weiß-Denken neigt, doch ist er ganz im Gegenteil außergewöhnlich differenziert in seinen Kommentaren. Beispielsweise unterteilt er den Unglauben in zwei Arten: in einen aggressiven Unglauben, der Glaubensinhalte des Islams angreift, und in einen passiven Unglauben, der dies nicht tut. Den aggressiven Unglauben unterteilt er ebenfalls noch einmal: in Agnostizismus *(adem-i kabul)* und (dialektischen) Materialismus *(kabul-i adem)*. Die zweite Art von Unglauben beruht auf der Behauptung, dass es keinen Schöpfer gebe. Sie verneint die Existenz des Schöpfers, bleibt aber den Beweis dieser Behauptung schuldig. Außerdem hat sie zwei Facetten. Die eine Facette verneint die Existenz Gottes für die eigene Person und besagt: „Für mich gibt es kei-

nen Gott." Damit handelt es sich um einen praktischen Atheismus. Diese Facette des Materialismus ist kein Streitgegenstand des *Risale-i Nur*. Die zweite Facette hingegen bestreitet mit philosophisch-wissenschaftlichen und ethisch-praktischen Argumenten vehement die Existenz Gottes für alle Zeiten und Räume (siehe auch die Einleitung des Werkes *Ischaratu-l I'djaz [Das größte Zeichen]* von Bediuzzaman). In seiner Beweisführung gegen den materialistischen, aggressiven Atheismus ist das *Risale-i Nur* inklusivistisch und ruft Juden, Christen, Muslime und andere monotheistische Gläubige dazu auf, gemeinsam gegen diesen Unglauben zu kooperieren. Differenziert behandelt werden im *Risale-i Nur* zudem auch die Strömungen innerhalb des Islams. Als Vertreter der Hauptströmung, des Sunnitentums, gesteht Bediuzzaman gelegentlich auch den Mu'teziliten zu, dass ihre Ausführungen einige Körner Wahrheit enthalten. Die klassische Literatur bezeichnet vor allem die Irrlehren innerhalb des islamischen Spektrums als fi rak-i dālle (irregeleitete Parteien), um das Wort *kefere* (Ungläubige) zu vermeiden. Denn jemanden als ungläubig zu bezeichnen, zieht der klassischen Normlehre zufolge schwere Sanktionen nach sich. Der Lehrmeister Nursi ist ein Erzfeind des *tekfīr*. Das heißt, er lehnt es ab, jemanden aufgrund seiner Aussagen als Ungläubigen abzustempeln. Er versucht immer, den Mittelweg aufzuzeigen, bezeichnet Persönlichkeiten wie Ibn Sina, der von El-Ghazzali für ungläubig erklärt wurde, als Genie der islamischen Philosophie *(hikme)*, und verwendet in seinen Schlussfolgerungen auch einige von dessen Begriffen wie zum Beispiel *wādjib el-wudjūd*.

erfordert es wiederum, dass der Diener in Kenntnis der eigenen Schwäche und der Machtlosigkeit der Schöpfung gegenüber den gewaltigen Wirkungen Seiner unabhängigen Macht gutheißend und staunend *Allahuekbar* (Groß ist nur Gott) ausruft, sich vor Ihm in Demut verneigt, bei Ihm Zuflucht sucht und sich Ihm vertrauend ergibt.

Die unendlich große Schatzkammer der Barmherzigkeit Seiner Rabb-heit gebietet es, dass der Diener die eigenen Bedürfnisse und die aller anderen Geschöpfe Gott in Form eines Bittgebets zusammen mit Danksagung und Lobpreis für den göttlichen Segen und Seine Gaben mit einem *Elhamdulillah* (Gedankt und gelobt sei Gott) darlegt.

Das heißt, die Handlungen sowie Ausführungen und Worte des Hauptgebets fassen diese Sinngehalte in sich zusammen, weshalb sie von Gott so vorgeschrieben und festgelegt wurden.

Dritte geistreiche Bemerkung

So wie der Mensch das Universum im Kleinen ist und die ehrwürdige Eröffnungssure El-Fātiḥa der leuchtende und glorreiche Koran im Kleinen, so gilt das Hauptgebet als ein umfassendes und leuchtendes Verzeichnis aller gottesdienstlicher Handlungen. Außerdem ist es eine heilige Karte, die auf die Farbenvielfalt der Gottesdienste aller Geschöpfe hinweist.

Vierte geistreiche Bemerkung

XII. Die Gebetszeiten und die Allegorie von der Spindeluhr

Schauen wir uns eine Spindeluhr an, die für eine Woche eingestellt wurde. Die Zeiger einer Spindeluhr, die jeweils die Sekunden, Minuten, Stunden sowie die Tage zählen, sind aneinander ausgerichtet, ähneln und entsprechen einander.

So entspricht die Abfolge von Tag und Nacht einer Sekunde auf der diesseitigen Welt, welche die größte Uhr Gottes ist, Erdjahre entsprechen ihrer Minuten, die Lebensphasen der Menschen entsprechen ihren Stunden, und die Lebensphasen des Universums entsprechen ihren Tagen. Die Zeiger, die die verschiedenen Zeitabschnitte zählen, sind aneinander ausgerichtet, ähneln, entsprechen und erinnern einander.[137]

---

137 Hier spricht der Lehrmeister von drei verschiedenen Uhrzeiten: die Uhrzeit des Individuums, die Uhrzeit der Menschheit und die Uhrzeit der diesseitigen Welt. An einer anderen Stelle führt er diese These folgendermaßen aus: „Der Koranvers ‚Jede Seele *(nefs)* wird den Tod kosten' bezeichnet die gesamte Menschheit als eine ‚Seele' *(nefs)*, die in ihrer Gesamtheit sterben wird, um wieder aufzuerstehen. Die Erdkugel ist ebenfalls ein *nefs*, auch sie wird sterben, um eine unendliche Form zu bekommen. Diese diesseitige Welt ist auch ein *nefs*, sie wird sterben, um zum Jenseits zu werden." Die Allegorie der Spindeluhr kommt erstmals in seiner berühmten Koranexegese

Das bedeutet für die Gebetszeiten:

Die Zeit des ***Fadjr***-Gebets bis zum Sonnenaufgang ist eine Zeitspanne, die sich [in unseren Jahreszeiten] mit dem Anbruch des Frühlings, [in den Lebensphasen des Menschen] mit dem Moment, in dem der Mensch in der Gebärmutter seinen Platz findet, und [in den Lebensphasen des Diesseits] mit dem ersten der sechs Tage der Schöpfung von Himmel und Erde[138] vergleichen lässt. Sie ruft uns die göttlichen Schöpfungsakte in Erinnerung.

Die Zeit des ***Zuhr***-Gebets kann [in unseren Jahreszeiten] mit dem Hochsommer, [in den Lebensphasen des

---

Zeichen der Unnachahmlichkeit des Korans vor: „Das arabische Wort *yawm* birgt ein Indiz auf den Vollzug der Wiederversammlung im Jenseits: Wenn eines der Zeiger einer Spindeluhr, deren Zeiger jeweils die Sekunden, Minuten, Stunden und Tage zeigen und die für eine Woche eingestellt wurde, seinen Kreis vollendet, geht man davon aus, dass auch die anderen Zeiger ihren Kreis vollenden werden. Genauso lässt sich schlussfolgern, dass, wenn eines der Zeiger, die für Tage, Jahre, die Lebensdauer der Menschen oder für die Lebensdauer der Welt bestimmt wurden, seinen Kreis vollendet, auch andere Zeiger ihren Kreis vollenden werden, egal wie viel Zeit diese Vollendung in Anspruch nehmen mag." Der Lehrmeister meint also, dass der Zeiger eines Tages die Wendepunkte des Zeigers eines Jahres, der Zeiger der Lebensdauer des Menschen oder der Lebensdauer der Erdkugel in sich birgt.

138 Fuṣṣilet 41:9–12.

Menschen] mit dem Erreichen des jungen Erwachsenenalters und [in den Lebensphasen der Erde] mit der Zeit der Erschaffung des Menschen verglichen werden. Sie weist uns auf die Barmherzigkeit in den Reflexionen Gottes und auf die reichhaltigen Segnungen der Gottesgaben hin.

Die Zeit des ***Asr***-Gebets am Nachmittag ähnelt [in unseren Jahreszeiten] dem Herbst, [in den Lebensphasen des Menschen] dem fortgeschrittenen Lebensalter und [in den Lebensphasen der Erde] der Zeit der Glückseligkeit des letzten Propheten. Sie ruft uns die göttlichen Schöpfungsakte und das Gewähren der Gnaden des Barmherzigen in Seiner Schöpfung ins Gedächtnis.

Die Zeit des ***Maghrib***-Gebets nach dem Sonnenuntergang lässt uns an den Tod sehr vieler Geschöpfe am Ende des Herbstes und an den Tod des Menschen denken. Sie warnt uns vor dem Beginn des Weltuntergangs, lehrt uns, wie die Reflexionen der Majestät Gottes zu verstehen sind, und weckt den Menschen aus dem tiefen Schlaf der Gottvergessenheit auf.

Die Zeit des ***Ischā***-Gebets bei Einbruch der Dunkelheit gemahnt uns an die Welt der Finsternis, die alles am Tage Sichtbare mit ihrem schwarzen Leichentuch bedeckt, und an den Winter, der die Oberfläche der toten Erde mit seinem weißen Totenhemd überzieht. Sie verkündet, dass sogar die Spuren und Werke, die von der verstorbenen Menschheit hinterlassen wurden, zugrunde gehen und unter dem Mantel der Vergessenheit geraten werden. Sie macht uns auf den unvermeidbaren, vollständigen Niedergang dieser Welt, die nicht mehr als ein Ort der Prüfung ist, aufmerksam. Somit verkündet sie ebenfalls die Wirkungen des Gewaltigen Einen, der sich durch majestätische Allgewalt auszeichnet.

Die Zeit der Nacht erinnert den Menschen an den Winter, an das Grab oder auch die Zwischenwelt und daran, wie sehr die menschliche Seele tatsächlich auf die Gnade des Barmherzigen angewiesen ist.

Das ***Tehedjjud***-Gebet im späteren Teil der tiefen Nacht ermahnt uns und erinnert uns daran, dass dieses Gebet in der Finsternis des Grabes ein unentbehrliches Licht sein wird.[139] Der Mensch verkündet durch dieses Gebet, wie würdig Gott des Lobpreises und des Dankes ist, indem er sich der unendlichen, ihm im Rahmen all dieser außerordentlichen Wendepunkte vom Wahrhaft Schenkenden gewährten Wohltaten besinnt.

Der **zweite Morgen**, der am nächsten Tag folgt, erinnert uns an den Morgen der Wiederauferstehung. Wie logisch, sogar notwendig und sicher es ist, dass auf die Nacht ein Morgen und auf den Winter ein Frühling folgt, so sicher ist auch ein Morgen der Wiederauferstehung und ein Frühling der Zwischenwelt.

Nun verstehen wir, dass jeder festgelegte Zeitpunkt für die fünf täglichen Hauptgebete einerseits den Beginn eines unbedingt notwendigen Umbruchs, gleichzeitig eine Erinnerung an größere Umbrüche und Wendepunkte im Universum darstellt. Dadurch, dass sie uns täglich die Ehrfurcht gebietende Verfügungsgewalt der Macht des Unabhängigen Einen vor Augen führen, rufen uns die Gebetszeiten die Wunder der Macht Gottes und die Geschenke Seiner

---

139 *Tehedjjud*-Gebete sind Lichter in der Zwischenwelt.

Barmherzigkeit in jedem Jahr, in jedem Jahrhundert und in jeder Epoche wieder in Erinnerung.

Die Hauptgebete sind also eine Lebensaufgabe, der Kern der Gottesdienerschaft/Abd heit und eine offenkundige Dankesschuld des Dieners. Deren Aufteilung auf die genannten Zeitspannen sind angemessen und passend.

Fünfte geistreiche Bemerkung

Der Mensch ist von seiner Grundveranlagung her schwach und hilflos. Ihn berührt alles und alles stimmt ihn traurig und betrübt ihn. Er ist ausgesprochen machtlos, doch hat er viele Probleme und Feinde. Er ist äußerst arm, doch hat er viele Bedürfnisse. Er ist träge und unzulänglich, doch wiegen die Verpflichtungen seines Lebens sehr schwer.

Aufgrund seines Menschseins steht er mit dem ganzen Universum in Verbindung. Der Verlust dessen, was er liebt und mit dem er vertraut ist, bereitet ihm ständig Kummer und verletzt ihn innerlich.

Sein Verstand und seine Vernunft zeigen ihm hohe Ideale und Ziele sowie ewige Früchte (Belohnungen). Andererseits hat er nur begrenzte Mittel, eine begrenzte Lebensdauer, begrenzte Macht und begrenzte Geduld.

Sinngehalt des Fadjr-Gebets

Wie notwendig und gewinnbringend ist es, dem Barmherzigen Gütigen Einen am frühen Morgen zur Zeit des *Fadjr*-Gebets an der Schwelle Seiner Allmächtigen Hoheit Bitten, Andacht und Gebet vorzutragen und Erfolg und

Unterstützung bei Ihm zu suchen. Dieses Gebet ist eine Stütze angesichts der Schwierigkeiten und Belastungen, denen der Mensch sich tagsüber gegenübersieht, und hilft ihm dabei, sie zu ertragen und durchzustehen.

Sinngehalt des Zuhr-Gebets

Das *Zuhr*-Gebet wird zu einer Tageszeit verrichtet, an der die Sonne ihren Zenit erreicht hat und der Tag beginnt, seiner Vollendung entgegenzustreben. Menschen unterbrechen ihre Arbeit, um sich kurzfristig von geschäftlichen und anderen Dingen auszuruhen. Ihre Seele benötigt eine Ruhepause, weil die harte Arbeit sie unempfindlich und achtlos gemacht hat. Hier manifestieren sich die Segnungen Gottes in aller Deutlichkeit. Ein Mensch, der nicht erkennt, wie gut, notwendig, angenehm und angemessen die Verrichtung des Mittagsgebets ist, kann kaum den Ansprüchen des Menschseins gerecht werden. Denn dieses Gebet bietet dem Menschen die Gelegenheit, die Belastungen und die Achtlosigkeit des täglichen Lebens hinter sich zu lassen, demütig vor dem Wahren Spender der Wohltaten zu stehen, Ihm gegenüber Dankbarkeit zum Ausdruck zu bringen und Ihn um Hilfe zu bitten. Der Mensch verneigt sich, um seine Hilflosigkeit vor der Herrlichkeit und Macht Gottes zu bezeugen, und wirft sich zu Boden, um sein Erstaunen, seine Liebe und seine Demut gegenüber der unvergänglichen Vollkommenheit und der unvergleichlichen Schönheit Gottes zu artikulieren.

Sinngehalt des Asr-Gebets

Was nun die Tageszeit des *Asr*-Gebets am Nachmittag betrifft, so ähnelt diese der traurigen Jahreszeit des Herbstes, dem trübseligen Stadium des hohen Alters und der schmerzhaften und erschütternden Phase am Ende der Zeit. Mit diesem Gebet werden wir ermahnt, über diese Zeitabschnitte nachzudenken. Zur Zeit des *Asr*-Gebets sind die Aufgaben des Tages bereits fast bewältigt. Viele Gunstbeweise Gottes wie Gesundheit, Sicherheit und die Fähigkeit, Gott zu dienen, wurden uns bereits zuteil.

Wir erleben, wie die große Sonne am Horizont immer mehr verblasst und schließlich den Beweis antritt, dass der Mensch ein Gast und ein Bediensteter und alles vergänglich und unstet ist.

Die Menschenseele, die sich nach der Ewigkeit sehnt und für sie erschaffen wurde, die den ihr gewährten Wohltaten gegenüber Ehrfurcht bekundet, die gleichzeitig die Trennung bekümmert, erhebt sich nun, vollzieht die Gebetswaschung und verrichtet sodann das vorgeschriebene *Asr*-Gebet. Jeder aufrichtige Mensch sollte verstehen, welch erhabene Pflicht, welch angemessener Dienst, welch vernünftiger Weg, eine Lebenverschuldung zu begleichen, und welch angenehmes Vergnügen die Verrichtung des Nachmittagsgebets darstellt. Denn durch die inbrüstige Anfrage zur Rettung an der unvergänglichen Schwelle des Ewigen, des nie Vergehenden, des Sich Selbst Erhaltenden, durch die Zufluchtsuche bei Seiner unendlichen Barmherzigkeit, durch Danksagung und Lobpreis für Seine unzähligen Gunstbeweise, durch die demütige Verbeugung vor der Macht und Herrlichkeit Seiner Rabb-heit und durch die Niederwerfung vor Seinem ewigen Gottseins in vollkommener Bescheidenheit erlangt der Mensch Seelenfrieden und findet wahren Trost und Wohlbehagen für seinen Geist.

Sinngehalt des Maghrib-Gebets

Der Abend erinnert uns an den Winteranfang und den betrüblichen Abschied von den zerbrechlichen Geschöpfen des Sommers und des Herbstes. Er gemahnt uns auch an die schmerzhafte Trennung von liebgewonnenen Menschen durch den Abstieg ins Grab.

Außerdem ruft er uns die Zeit in den Sinn, zu der die Lampe dieses Prüfungsortes [die Sonne] endgültig ausgelöscht werden wird und die Bewohner der diesseitigen Welt nach dem Zusammenbruch, der aus dem Beben ihres Todeskampfes resultiert, in die andere Welt auswandern werden. Der Abend ist auch eine ernstzunehmende Warnung an diejenigen, die die Lieblinge anbeten und an ihnen hängen, die am Horizont der Vergänglichkeit heruntergehen.

Zur Zeit des Abendgebets wendet sich die Menschenseele, die sich als sehnsüchtiger Spiegel nach der Unendlichen Schönheit auszeichnet, dem Hoheitsthron des schon ewigen Anfangslosen, des bis ins Ewige Endlosen zu, der all diese gewaltigen Geschehnisse und Phänomene erschafft und gestaltet und die riesigen Himmelskörper und Welten befehligt.

Sinngehalte der Handlungen des Hauptgebets - am Beispiel des Abendgebets

Die Menschenseele verlässt somit alles Vergängliche, bekundet mit dem Ruf *Allahu Ekbar* – Groß ist nur Gott! – , dass Gott größer ist als alles erdenkliche, und verschränkt die Hände zum Dienste seines Schutzherrn. Er steht aufrecht in Gegenwart des Permanenten Unendlichen und spricht *Elhamdulillah* – Gedankt und gelobt sei Gott! – und preist Gott im Bewusstsein Seiner makellosen Vollkommenheit, Seiner unvergleichlichen Schönheit und Seiner unendlichen Barmherzigkeit. Durch die Rezitation der Worte *Dir (allein) dienen wir, und Dich (allein) bitten wir um Hilfe*[140] betet der Mensch Seine von jedweder Hilfe unabhängige Rabb-heit, Sein von Partnern autonomes Gott-sein und Seine Wesir-lose Souveränität an und bittet um Hilfe.

Danach verbeugt sich der Mensch vor Gottes unendlicher Größe, vor Seiner grenzenlosen Macht, Seiner vollkommenen Ehrenhaftigkeit und Herrlichkeit und demonstriert auf diese Weise zusammen mit der gesamten Schöpfung seine eigene Schwäche, Hilflosigkeit, Demut und Armseligkeit. Er spricht: *Gepriesen sei mein Herr, der Einzig Große!*

Nun wirft sich der Mensch im Bewusstsein der unvergänglichen Schönheit Seines Wesens, Seiner unveränderlichen, heiligen Eigenschaften und Seiner beständigen, vollkommenen Kontinuität vor Ihm zu

140 El-Fātiḫa 1:5

Boden. Dadurch, dass er sich vom *Sonstigen*[141] loslöst, tut der Mensch staunend und sich annulierend seine Liebe und Bereitschaft zu dienen kund. Er findet den Beständigen Schönen und Barmherzigen Ewigen Einen statt allem vergänglichen vor sich. Durch die Worte *Gepriesen sei mein Herr, der Einzig Erhabene!* heiligt er seinen Allerhöchsten Herrn, Der erhaben von Vergänglichkeit und frei von allen Mängeln und Fehlern ist.[142]

Danach setzt sich der Mensch ehrfurchtsvoll nieder und überreicht stellvertretend für alle Geschöpfe dem Ewigen, Allmächtigen und Majestätischen Einen ihre Lobpreisungen, gesegneten Lebens- sowie schönen Gebetsgrüße. Er bittet Gott, dass Er Seinem heiligen Gesandten Muhammed Frieden und Segen gewähre. Indem er so handelt, erneuert er seinen Treueeid dem Gesandten Gottes gegenüber und verkündet, dass er dessen Anweisungen befolgen wird. Er erneuert und klärt seinen Glauben und bezeugt die Einheit des Schöpfers, indem er die weise Ordnung des Palastes namens Universum erkennt und die

---

141 mā-siwā - wörtlich: alles andere; ein Begriff aus der islamischen Literatur. Als mā-siwā definiert wird alles, was nicht Gott ist: vom Universum, über die Welt, Herrschaft, Vermögen, Besitz, medschāsī-Liebe, Nahrung und Kleidung bis hin zu Menschen, Dschinn, Propheten, Engeln usw. Said Nursis Definition zufolge bezeichnet der Begriff mā-siwā die Schleier zwischen den Menschen und Gott. Als Synonym für mā-siwā benutzt er auch das Wort ghayr - das andere, das Sonstige.

142 Vgl. ʿAlā 97:1

Gesandtschaft Muhammeds, den Araber, den Herold der Souveränität der Rabb-heit, den Verkünder dessen, was Sein Wohlwollen hervorruft, und den Dolmetscher der Zeichen und Verse des Buchs des Universums bezeugt; diese Bedeutung trägt das *Abendgebet*.

Wie kann man den Ansprüchen des Menschseins gerecht werden, wenn man nicht bemerkt, um was für eine angenehme Pflicht es sich beim Abendgebet handelt, um welch einen wertvollen und erfreulichen Akt des Dienens, um welch eine wunderschöne Form der Gottesdienerschaft, um welch eine ernsthafte Angelegenheit, um welch bedeutsames *sohbet* mit dem Schöpfer und um welch beständiges Glück in diesem vergänglichen Gästehaus?

Sinngehalt des Ischā-Gebets

Die Zeit des *Ischā*-Gebets, bei der es sich um die Zeit handelt, zu der die am Horizont noch verbliebenen letzten Spuren des Tages verschwunden sind und die vollkommene Dunkelheit der Nacht unser [subjektives] Universum bedeckt, erinnert uns an die mächtige Verfügungsgewalt der Rabb-heit Gottes als *Wandler von Tag und Nacht*[143] und an die Aktivitäten des Vollkommenen Weisen als *Dienstbarmacher der Sonne und des Mondes*[144]. Seine Verfügungsgewalt und Rabb-heit können beobachtet werden, wenn Er die weiße Seite des Tages auf die schwarze Seite der Nacht wendet und die schöne grüne Handschrift

143 An-Nūr, 24:44.

144 Er-Raʿd 13:2.

des Sommers in die frostige weiße Seite des Winters verwandelt.

Diese Tageszeit ruft uns die Handlungen Gottes als *Schöpfer von Leben und Tod*[145] in Erinnerung. Sie bewirken, dass sogar die verbliebenen Spuren und Werke der GrabesbewohnerInnen im Laufe der Zeit ihre Verbindung mit dieser Welt ganz und gar abbrechen und gänzlich in eine andere Welt übergehen.

Sie ist eine Zeit, die uns gemahnt, an die majestätische Verfügungsgewalt und an die Schönheits-Reflexionen Gottes als Schöpfer der Himmel und der Erde zu denken – Reflexionen, die sich in der vollkommenen Zerstörung und dem gewaltigen Todeskampf dieser begrenzten, vergänglichen und bescheidenen Welt widerspiegeln, die von enormen Tumulten und Erschütterungen und vom Aufblühen der weiten, ewigen und majestätischen Welt des Jenseits begleitet sind.

Diese Zeit erinnert uns auch daran, dass nur der Eine, der den Tag in die Nacht, den Winter in den Sommer und diese Welt in die jenseitige Welt verwandeln kann – so einfach wie das Wenden der Blätter eines Buches – der Eigentümer und Wahre Meister des Universums ist. Er allein ist würdig, angebetet und wirklich geliebt zu werden.

Deshalb verrichtet die Menschenseele, die unendlich hilflos, schwach, unermesslich arm und bedürftig ist, die durch vielerlei Umstände bald hierhin, bald dorthin geworfen und in eine dunkle, unbekannte Zukunft gewirbelt wird, bei Anbruch der Nacht in diesem Sinne das *Ischā*-Gebet.

---

145 El-Mulk 67:2.

Ganz im Sinne von Abraham sagt die Menschenseele: *Ich liebe nicht die Untergehenden*[146], und sucht durch ihre Gebete an der Schwelle des schon ewig Angebeteten und bis in die Ewigkeit Geliebten Zuflucht. Im vergänglichen Universum, in der finsteren Welt, im vergänglichen Menschenleben und in der finsteren Zukunft führt er ein privates Zwiegespräch mit dem Beständigen und Immerwährenden Einen. Durch ein Stück „unendliches Gespräch" und einige Minuten der „ewigen Lebensdauer" streut er einen Lichtfunken in seine finstere Welt und beleuchtet seine Zukunft. Dabei sieht er die Gunstbeweise der Barmherzigkeit und das Licht der Rechtleitung des Allerbarmers und des Barmherzigen und bittet um sie, denn sie sind Balsam für seine Wunden, die aus dem Ableben der Geschöpfe und der Trennung von seinen FreundInnen resultieren.

Die Menschenseele vergisst die Welt genauso, wie sie sie vorübergehend vergisst und sich vor ihr verbirgt, und schüttet ihre Sorgen unter Tränen ihres Herzens vor der Schwelle der Barmherzigkeit aus.

---

146 El-En'âm 6:76: „Als die Nacht über ihn hereinbrach, sah er einen Stern. Da rief er aus: ‚Das ist mein Herr, (nicht wahr)?' Doch als er unterging (und aus seinem Gesichtskreis entschwand), sagte er: ‚Ich liebe nicht die, die untergehen.'„

Der Sinngehalt des Qiyāms im Ischā-Gebet

Bevor der Schlaf, der dem Tod ähnelt[147], kommt, erfüllt die Menschenseele für alle Fälle ihre „letzte" Verantwortung der Gottesdienerschaft am Tag. Um ihr tägliches Tatenheft[148] mit einem positiven Ergebnis abzuschließen, erhebt sie sich zum Gebet.[149]

---

147 Hadith: Djābir b. Abdullah berichtete: Der Prophet wurde gefragt: „O Gesandter Gottes, schlafen die BewohnerInnen des Paradieses?" Er antwortete: „Nein, der Schlaf ist der Bruder des Todes. Und die BewohnerInnen des Paradieses werden weder sterben noch schlafen." (Beyhakî, Şuabü'l-iman, 4/183.), vgl. Zumer 39:42: „Gott nimmt den Geist (‚den Er dem Menschen eingehaucht hat,) zur Zeit des Todes (der Seele) und während des Schlafs den (Geist jener), die nicht gestorben sind, hinweg. Dann hält Er den Geist jener, für die Er den Tod bestimmt hat, zurück, und den der Übrigen schickt Er wieder (in ihre Körper, damit sie weiterleben) bis zu einem von Ihm festgesetzten Zeitpunkt. Wahrlich, darin sind Zeichen (wichtige Lehren) für Menschen, die nachdenken und sich in Acht nehmen."

148 Dieses Tatenheft, auch defter-i aʿmāl oder sahīfe-i aʿmāl genannt, findet Ausdruck im folgenden Vers: *„Jedem Menschen haben Wir sein Geschick (und seine Taten) um seinen Hals befestigt, und am Tag der Auferstehung werden Wir für ihn ein Buch hervorbringen, das er offen aufgeschlagen sehen wird."* (El-Isrāʾ, 17:13) In dem Heft werden alle Taten, Gefühle, Gedanken und Beziehungen des Menschen aufgezeichnet.

149 El-Māʾide 5:6: „O ihr, die ihr glaubt! Wenn ihr euch zum Gebet begeben wollt (und keine rituelle Waschung vor-

Das heißt, der Mensch steht auf, um sich in die Gegenwart des Angebeteten und ewig Geliebten Einen zu begeben und sich von den Vergänglichen, denen er den ganzen Tag vom Herzen verbunden war, abzuwenden. Er überlässt sich der Präsenz des Allmächtigen und Großzügigen, nicht mehr den machtlosen Geschöpfen, die er den ganzen Tag lang angebettelt hat. Er hofft an der Schwelle des Schonenden Barmherzigen Einen, vor dem Übel der Schädlichen, vor denen er den ganzen Tag gezittert hat, bewahrt zu werden.

Sinngehalt des Qirā'ats im Ischā-Gebet

Er beginnt sein Gebet mit der *el-Fātiḥa,* der Eröffnungssure des Korans. Statt den mangelhaften und armen Geschöpfen

---

nehmt), dann wascht eure Gesichter und eure Hände bis zu den Ellbogen, und streicht euch (mit Wasser) über den Kopf, und (wascht) eure Füße bis über die Knöchel. Und wenn ihr rituell unrein seid (sodass ihr eine Ganzwaschung benötigt), dann reinigt euch (indem ihr ein Bad nehmt). Doch wenn ihr krank oder auf Reisen seid oder wenn einer von euch seine Notdurft verrichtet hat oder ihr Frauen berührt habt und könnt kein Wasser finden, dann sucht euch reinen Erdboden, und streicht euch damit über Gesicht und Hände (und Unterarme bis über die Ellbogen). Gott will euch keine Schwierigkeiten auferlegen, sondern Er will euch reinigen (von jeglichen materiellen und spirituellen Schmutz) und Seine Gnade an euch vollenden, damit ihr Dank abstatten mögt (mit dem Herzen und in Worten sowie durch euer Tun, indem ihr Seine Gebote einhaltet)."

zu schmeicheln und sich ihnen verpflichtet zu fühlen, lobt und preist er den Herrn der Welten, den absolut Vollkommenen und absolut Sich Selbst Genügenden, den Barmherzigen und Großzügigen Einen. Dann steigt er zur Position eines Ansprechpartners Gottes, indem er sagt: *Nur Dir dienen wir, und Dich beten wir an.* Das heißt, trotz seiner Winzigkeit, Nichtigkeit und Einsamkeit erlangt der Mensch also durch seine Bindung zu dem *Herrscher des Tages des Gerichts,* dem Sultan der Anfangslosigkeit und der Ewigkeit, den Status eines „verwöhnten" Gastes und eines bedeutenden Beauftragten in diesem Universum.

Durch die Erklärung *Nur Dir dienen wir und beten dich an und nur Dich bitten wir um Hilfe* betet er Gott im Namen aller Geschöpfe an, überreicht in Vertretung die Gottesdienste und das Hilfeersuchen der gewaltigen Gemeinden und großen Gesellschaften im Universum. Dann bittet er dadurch, dass er *Führe uns den geraden Weg!* spricht, darum, auf Seinen geraden, strahlenden Weg[150] rechtgeleitet zu werden, der zum ewigen Glück führt.

---

150 El-Hidjr 15:41: „(Gott) sagte: ‚Dieser (Pfad der Aufrichtigkeit im Glauben) ist ein gerader Pfad (auf dem zu Mir zu leiten) Ich Mir auferlegt habe.'„ Hūd 11:56: „Ich vertraue auf Gott, meinen Herrn und euren Herrn. Es gibt kein Lebewesen, das Er nicht bei seiner Stirnlocke ergreift und unter Seiner uneingeschränkten Aufsicht hält. Wahrlich, mein Herr befindet sich auf dem geraden Weg (Er lenkt alles, was existiert, und führt Seine Entscheidungen auf richtige Weise und in Gerechtigkeit aus)."

Der Sinngehalt des Rukūʿ

Es ist nun an der Zeit, *Groß ist nur Gott!* zu sagen und sich in spiritueller Betrachtung der Größe der Erhabenheit des Majestätischen zu verbeugen. Denn dessen Anordnungen unterwerfen sich die schlafenden Pflanzen und Tiere genauso wie die verborgenen Sonnen und die hellwachen Sterne, die als Lampen in diesem Gästehaus des Universums dem Herrn wie Soldaten dienen.

Der Sinngehalt des Sudjūd

Der Mensch denkt nun an die große Niederwerfung aller Geschöpfe,[151] wenn auf Gottes Befehl *Sei! – Und es wird* hin die verschiedenen Arten von Geschöpfen aller Zeitalter und aller Epochen – auf der Erde und im gesamten Universum – wie ein wohl geordnetes Heer und wie gehorsame Soldaten von ihren Pflichten entbunden, das heißt, [aus der Welt des Offenkundigen] in die Welt des Verborgenen entsandt werden. Innerhalb der Ordnung auf dem Gebets-

---

151 Bzgl. *Sedjde-i Kubrā* siehe El-Hadjj 22:18: „Bedenkst du denn nicht, dass alle, die in den Himmeln und alle, die auf Erden sind, sich vor Gott niederwerfen, geradeso wie die Sonne, der Mond, die Sterne, die Berge, die Bäume und die Tiere und auch viele von den Menschen? Doch viele andere sind verdientermaßen zur Bestrafung verdammt. Wen immer Gott demütigt, für den gibt es niemanden, der ihm zu Ehre verhelfen kann. Wahrlich, Gott tut, was immer Er will." Er-Raʿd 13:15: „Vor Gott werfen sich alle nieder, die in den Himmeln und auf Erden sind – freiwillig oder widerwillig, ebenso wie ihre Schatten es des Morgens und des Abends tun."

teppich des Unterganges am Horizont der Vergänglichkeit werfen sie sich zu Boden und erklären: *Groß ist nur Gott!* Und wenn sie im Frühling teilweise identisch, teilweise so ähnlich fast wie identisch durch den Befehl *Sei! – Und es wird* mittels eines aufweckenden, Leben spendenden Schreis[152] zum Leben erweckt werden, erheben sie sich und sind dafür gewappnet, ihrem Gott zu dienen. Auch dieses Menschlein leistet ihnen Folge in Harmonie und erklärt in der Gegenwart des Barmherzigen Vollkommenen, des Gnädigen Mitfühlenden in von Staunen ergriffener Liebe, mit einer mit Ewigkeit angehauchten Nichtigkeit, und mit einer ehrwürdigen Erniedrigung: *Groß ist nur Gott! Es* wirft sich ebenfalls zu Boden und erlebt so während des Ischā-Gebets eine Art Himmelsreise *(miʿrādj)*.

Nun wurde dir deutlich, welch angenehme, vorteilhafte, glückliche, erhabene, edle, wunderbare, vernünftige und angemessene Pflicht, welch Akt der Anbetung und welch ernste Angelegenheit die Verrichtung des *Ischā*-Gebets darstellt.

Da nun also jede dieser fünf Gebetszeiten ein Hinweis auf einen gewaltigen Wendepunkt, ein Zeichen der ungeheuren Schöpfung und Verfügung Gottes sowie ein Symbol für die universellen Gunstbezeugungen Gottes ist, steckt auch in der Einteilung der Gebetszeiten der absolut verbindlichen Hauptgebeten, die wir dem Schöpfer schuldig sind, vollkommene Weisheit.

---

152 Vgl. Yā. Sīn 36:53: „Es ist nur ein einziger niederschmetternder Schall, und siehe, sie werden alle (auferweckt worden sein, und) vor Uns (vor Gericht) gestellt werden."

Gepriesen bist Du. Wir haben kein Wissen außer dem, was Du uns gelehrt hast; wahrlich, Du bist der Allwissende, der Weise.[153]

O Gott! Segne den, den Du Deinen DienerInnen als Lehrmeister gesandt hast, damit er ihnen Wissen über Dich und die Art der Gottesdienerschaft vermittelt und die Schätze Deiner Namen bekannt gibt. Segne ihn, den Deuter der Zeichen und Verse Deines Buchs des Universums, der durch seine Gottesdienerschaft ein Spiegel der Schönheit Deiner erzieherischen Herrschaft ist. Schenke ihm, seiner ganzen Familie und seinen GefährtInnen Frieden. Sei uns und allen gläubigen Männern und Frauen gegenüber barmherzig.

Amen. Um Deiner Barmherzigkeit willen, o Barmherzigster aller Barmherzigen.

153 El-Baqara 2:32.

DIE EINZIGARTIGKEIT UND BARMHERZIGKEIT GOTTES SOWIE DER MENSCH ALS SEIN SPIEGEL

ÜBER SECHS DER TAUSENDEN VON GEHEIMNISSEN DER *Besmele* – Im Namen Gottes, des Erbarmers, des Barmherzigen!

ANMERKUNG: Aus der Ferne strahlte meinem trüben Verstand ein helles Licht an, welches die Barmherzigkeitsaspekte der *Besmele* zeigt.[154] Ich wollte es für mein eigenes *nefs* als zusammenfassende Notizen aufzeichnen. Und mit dreißig oder zwanzig Geheimnissen wünschte ich einen Kreis um dieses Licht zu ziehen, um es einzufangen und festzuhalten. Zu meinem Leidwesen konnte ich diesem Wunsch zu diesem Zeitpunkt nicht nachkommen. Daher schrumpfte die Zahl der Geheimnisse von zwanzig bis dreißig auf fünf bis sechs.

Mit dem Appell „O Mensch!" meine ich mein eigenes *nefs*. Diese Lektion war ausschließlich für mich an mein *nefs* gerichtet. In der Hoffnung, dass diejenigen, die spirituell mit mir verbunden sind und deren *nefs* nüchterner ist als das meinige, nutzen darin finden, überlasse ich die Geneh-

154 Typische Bescheidenheit des Lehrmeisters. Der wahre Kern dieser bescheidenen Aussage könnte darin liegen, dass diese Abhandlung in erster Linie das Herz anspricht und der Verstand die Lichter des Herzens nur bedingt und trüb aufzeichnen oder wiedergeben kann.

migung (für die Veröffentlichung) dieser Abhandlung als die *Zweite Station des Vierzehnten Schimmers* meinen tiefgründig sachkundigen Geschwistern. Diese Abhandlung berührt eher das Herz als den Verstand und zielt eher auf die seelischen Genüsse als auf rationale Beweise ab.

Im Namen Gottes, des Erbarmers, des Barmherzigen! *Sie (die Königin) sagte: „Ihr Vornehmen, ein ehrenvoller Brief ist mir überbracht worden. Er ist von Salomo und er lautet: ‚Im Namen Gottes, des Erbarmers, des Barmherzigen!'"*[155]

An dieser Station werden nun einige Geheimnisse erwähnt.

Erstes Geheimnis: Besmele als Stempel, Seil und Strecke der erziehenden Herrschaft

Eine anmutige Reflexion der Formel *Bismillahirrahmanirrahim* – „Im Namen Gottes, des Erbarmers, des Barmherzigen!" nahm ich auf folgende Art und Weise wahr:

Es gibt drei ineinander verschachtelte Stempel der erziehenden Herrschaft Gottes, die jeweils das Muster der anderen beiden zeigen: Im Antlitz des Universums, im Antlitz der Erde und im Antlitz des Menschen.

- Der erste Stempelabdruck ist der größte Stempel des Gottseins in der Gesamtstruktur des Universums. Dieser zeigt sich durch gegenseitige Hilfeleistung, Beistand, Umarmung und Kommunikation der

155 En-Naml 27:29–30.

Geschöpfe. Für diesen Stempel steht das *Bismillah* – Im Namen Gottes!

- Der zweite Stempel ist der größte Stempel des Erbarmens Gottes auf dem Antlitz der Erdkugel. Dieser zeigt sich in Ähnlichkeit, Ebenmäßigkeit, Ordnung, Regelmäßigkeit und Harmonie, Gunst und Barmherzigkeit bei der umsichtigen Verwaltung, Erziehung und Leitung der Pflanzen und Tiere. Für ihn steht das *Bismillahirrahman* – Im Namen Gottes, des Erbarmers!
- Der dritte Stempel ist der höchste Stempel der Barmherzigkeit Gottes, welcher sich im Antlitz der Beschaffenheit des Menschen als Schönheiten Seines Mitgefühls, Feinheiten Seiner Zuneigung und Schimmer Seiner Barmherzigkeit offenbart. Das *er-Rahim* – der Barmherzige – in *Bismillahirrahmanirrahim* weist daraufhin.

Demzufolge ist die Formel *Bismillahirrahmanirrahim* der heilige Titel der drei Stempel der *besonderen Einheit* Gottes und ein robustes Seil sowie eine leuchtende Strecke, welche auf dem Blatt des Universums eine strahlende Überschrift darstellt. Das heißt, *Bismillahirrahmanirrahim* ragt als ein Seil, als eine Strecke, als eine Schrift hinunter und deren Enden berühren den Menschen, der eine Frucht des Schöpfungsbaums und eine Miniatur des Universums darstellt. Sie verbindet die Erde mit dem Thron Gottes. Sie kann als Weg für den Aufstieg auf den Thron des wahren Menschseins dienen.

Zweites Geheimnis: ganzheitliche und besondere Einheitsreflexion Gottes

In der ganzen grenzenlosen Vielheit der Geschöpfe zeigt sich die ganzheitliche Einheitsreflexion Gottes. Der Verstand und das Vorstellungsvermögen allerdings können diese Reflexion nicht immer begreifen, weshalb sie oft im Ozean der Vielheit ertrinken. Daher zeigt der Koran, dessen Ausdruckskraft unnachahmlich ist, stets die besondere Einheitsreflexion[156] innerhalb der ganzheitlichen Einheits-

156 *Eḥadiye:* Einzigartigkeit Gottes in seiner Einheit. *Ehadiyet* bilden mit *Wahidiyet* zwei verschiedene Aspekte der Einheit Gottes. Bediuzzaman behandelt diese beiden Begriffe im Gesamtwerk ausführlich. Ihm zufolge kennzeichnet *Wahidiyet* jene Einheit Gottes, die sich insgesamt in der ganzen Schöpfung reflektiert. *Ehadiyet* hingegen ist jene Einheit Gottes, die sich gesondert in jedem Ding widerspiegelt. Beispielsweise hat die Sonne eine Widerspiegelung im ganzen Sonnensystem und auch auf der Erde. Diese ganzheitliche Widerspiegelung wird als *Wahidī*-Reflexion definiert. Diese ist aber nicht leicht begreifbar. Um in dieser Art von Reflexion das Wesen bzw. die Essenz der Sonne zu erkennen, muss man das ganze Sonnensystem in einem Gesamtblick erfassen. Ansonsten verliert man aufgrund der Mannigfaltigkeit der Reflexion den Blick auf die Essenz der Sonne.
Es gibt aber eine andere Art der Widerspiegelung der Sonne, die sich als Einheit in jedem Ding reflektiert. In jedem kleinen Glasstück, ja sogar in den Augen von großen und kleinen Tieren kann man die Widerspiegelung

reflexion, damit er den Verstand und das Vorstellungsvermögen nicht herausfordert.

XIII. Die Sonnenparabel

Also ähnlich wie die Sonnenreflexion. Die Sonne umhüllt grenzenlose Objekte mit ihrem Licht. Um jedoch aus der Gesamtheit ihrer Lichtstrahlen [ganzheitliche Einheitsreflexion] auf die Essenz, das Abbild der Sonne schließen zu können, bedarf es eines enorm ausgeprägten Vorstellungs- und Wahrnehmungsvermögens. Damit die Einheit ihrer Essenz, das Abbild der einzigen Sonne in der Vielheit ihrer Reflexionen nicht in Vergessenheit gerät, zeigt sich die Sonne in jedem leuchtenden Objekt durch besondere Widerspiegelung [besondere Einheitsreflexion] auch sich selbst, ihr Abbild.

Außerdem zeigt jedes reflektierende Objekt neben der Widerspiegelung der Essenz, des Abbilds der Sonne auch

---

der Sonne erkennen. Diese Art von Widerspiegelung wird *Ehadī*-Reflexion genannt. Obwohl die Sonne nur eine ist, ist sie im Spiegel jedes Dings mit ihrem Licht, ihrer Wärme und ihren Farben einzigartig erkennbar. Diese persönliche *Ehadī*-Reflexion, die auf die Essenz der Sonne unmittelbar abzielt, kann im Vergleich zur *Wahidi*-Reflexion leicht wahrgenommen werden.

Der Lehrmeister weist darauf hin, dass sich die *Ehadi*- und *Wahidi*-Reflexionen in der Natur auch in der Ausdruckskraft des Korans widerspiegeln.

ihre Eigenschaften wie ihr Licht und ihre Wärme, soweit es ihm möglich ist. Andererseits umfasst jede einzelne Eigenschaft der Sonne, wie ihr Licht, ihre Wärme und Sieben Farben ihres Lichts (das Farbspektrum) auch ihr gegenüberliegenden Objekte allesamt.

Von der Allegorie zur Wahrheit

Doch Gott gebührt das höchste Gleichnis.[157] – Mögen uns Fehler in der Analogie nicht treffen. – Genauso widerspiegeln sich die besondere Einheit und die *Samed-heit* Gottes in jedem Ding, insbesondere in jedem Lebewesen, besonders im Spiegel der Washeit des Menschen mit allen Seinen Namen. Aus der Perspektive der ganzheitlichen Einheit und der Einzigkeit Gottes wiederum schließt jeder einzelne Name des Schöpfers, der mit der Schöpfung in Verbindung steht, die Geschöpfe allesamt mit ein.

Damit im Ozean der ganzheitlichen Einheit Gottes der Verstand nicht ertrinkt und die Herzen die absolut reine und heilige Essenz des Schöpfers nicht vergessen, lenkt der Koran unsere Aufmerksamkeit immer wieder auf den Stempel der besonderen Einheit Gottes innerhalb Seiner ganzheitlichen Einheit. Demzufolge demonstriert die Formel *Bismillahirrahmanirrahim* die drei wichtigsten Nervenknoten und Abdrücke dieses Stempels der besonderen Einheit Gottes.

---

157 Ihm gebührt das *argumentum a fortiori*.

Drittes Geheimnis: Barmherzigkeit als das zentrale Ornament aller Gottesnamen

Es ist zweifelsohne die Barmherzigkeit, die das grenzenlose Universum belebt. Es ist selbstverständlich die Barmherzigkeit, die das finstere Sein beleuchtet. Es ist selbstevident die Barmherzigkeit, die die Geschöpfe, die sich vor Notwendigkeiten winden, erzieht und schult. Wie ein Baum, der mit all seinen Fähigkeiten auf das Hervorbringen von Früchten ausgerichtet ist, so ist es eindeutig die Barmherzigkeit, die das ganze Universum auf den Menschen ausrichten lässt und sich um ihn kümmern und ihn unterstützen lässt. Es ist schaugewissheitlich klar, dass es die Barmherzigkeit ist, die den leeren Weltraum, das leere Universum erfüllt, erleuchtet, erheitert und bevölkert. Die, die den vergänglichen Menschen zum Kandidaten der Unendlichkeit und zum Ansprechpartner sowie zum Freund des Anfangslosen und Endlosen Einen macht, ist augenfällig die Barmherzigkeit.

O Mensch! Die Barmherzigkeit Gottes ist eine so mächtige, anziehende, so liebreiche, hilfreiche und beliebte Wahrheit – deshalb trage auch du das *Bismillahirrahmanirrahim* vor und klammere dich an diese Wahrheit, um dich von der völligen Einsamkeit und dem Elend fortwährender Armut zu befreien. Und nähere dich dem Thron des Anfangslosen und Unendlichen Königs und werde durch die Fürsprache der Barmherzigkeit, die Errettung und das Licht zum Ansprechpartner, zum Freund, zum Nächsten dieses Sultans.

ENTWEDER DAS SEIN ODER DER SCHÖPFER KENNT DEN MENSCHEN

Ja, die verschiedenen Bestandteile des Universums um den Menschen herum in einer Relation von Ursache und Wirkung (nämlich Weisheit) zu versammeln, um all seine Bedürfnisse in perfekter Ordnung und absoluter Gunst zu befriedigen, kann nur auf zwei Arten erklärt werden:

- Entweder bedeutet das, dass jede Art Geschöpf im Universum den Menschen von sich aus kennt und ihm gehorcht und ihm zur Hilfe eilt. Das wäre allerdings vernunftwidrig und beinhaltete widersprüchliche Annahmen. Beispielsweise müsste bei dieser Erklärung angenommen werden, dass ein vollkommen machtloses Geschöpf wie der Mensch die Macht und Autorität eines allmächtigen, absoluten Souveräns besitzt.
- Oder es verhält sich so, dass diese Hilfeleistung durch das Wissen des allmächtigen Einen erfolgt, der sich jenseits des Schleiers dieses Universums befindet. In diesem Fall erkennen die unterschiedlichen Geschöpfe im Universum den Menschen nicht von sich aus. Es ist vielmehr ein Beweis für das Wissen des Einen, der den Menschen kennt und barmherzig zu ihm ist.

O Mensch, komm wieder zur Vernunft! Kann es überhaupt sein, dass der Majestätische Eine einerseits den Geschöpfen befiehlt, dir ihre helfenden Hände auszustrecken und deinen Bedürfnissen mit „Zu Befehl!“ zu begegnen, aber andererseits dich nicht kennen, nicht sehen und nicht wahrnehmen soll?[158]

Er kennt dich und vermittelt Seine Kenntnis über dich durch Seine Barmherzigkeit. Deshalb erkenne auch du Ihn und zeige Ihm mit Respekt, dass auch du Ihn kennst.

Und begreife, dass es zweifellos ein Akt der wahren Barmherzigkeit Gottes ist, welcher einer so gänzlich schwachen, gänzlich machtlosen, gänzlich bedürftigen und vergänglichen, kleinen Kreatur wie dir dieses große Universum unterwirft und dir zur Hilfe schickt. Gewiss ist es die Essenz der Barmherzigkeit, die Weisheit, Güte, Wissen und Macht beinhaltet.

Eine solche Barmherzigkeit erfordert von dir wiederum zweifellos ganzheitliche und aufrichtige Dankbarkeit sowie ernsthaften und reinen Respekt. So sprich das *Bismillahirrahmanirrahim,* das als Dolmetscher und Titel für deinen aufrichtigen Dank und deinen reinen Respekt fungiert, und lasse diese Worte zum Vermittler für das Erreichen Seiner Barmherzigkeit und zum Fürsprecher an der Türschwelle des Barmherzigen Einen werden.

BARMHERZIGKEIT IST DAS ZENTRALE ORNAMENT DER WEBKUNST DES UNIVERSUMS

XIV. Webkunstparabel

Die Existenz und die Realisierung der Barmherzigkeit sind so offensichtlich wie die Sonne selbst. Denn so wie ein

158 Vgl. El-Mulk 67:14.

zentrales Ornament einer Webkunst durch die Ordnung von Positionierung, Aneinanderreihung, Verkreuzung von Fäden und Garn aus allen Richtungen gewebt wird, genauso weben Widerspiegelungen der tausendundein (zahllosen) Namen Gottes mit ihren strahlenden Kett- und Schussfäden auf dem größten Webstuhl, dem Antlitz dieses Universums einen derartigen Stempel der Barmherzigkeit, ein derartiges Motiv des Mitgefühls, ein derartiges Siegel der Gunst innerhalb des Abdrucks des Erbarmens, der sich dem menschlichen Verstand heller zeigt als die Sonne.

ORNAMENTE DER BARMHERZIGKEIT AUF DEN ANTLITZEN DER PFLANZEN UND TIERE

Ja, der schöne erbarmende Eine hat die Sonne und den Mond, die Elemente und die Mineralien, die Pflanzen und die Tiere wie die Schussfäden eines großen Ornamentes mit dem Licht Seiner tausendundein Namen geordnet und dem Leben zu Diensten gestellt.

Derselbe barmherzige und schöne Gott, der Seine Barmherzigkeit und Seine Güte in der zärtlichen Fürsorge und der aufopferungsvollen Barmherzigkeit der Mütter in der Tier- und Pflanzenwelt verdeutlicht und alles Leben dem menschlichen Leben dienstbar macht und dadurch das gewaltige Ornament durch die feinen und schönen Fäden Seiner fürsorglichen Herrschaft webt sowie die Bedeutsamkeit des Menschen hervorhebt. Demzufolge zeigt der barmherzige schöne Eine Seine strahlendste Barmherzigkeit auf. Gewiss hat Er im absoluten Freisein von jeder Bedürftigkeit Seine Barmherzigkeit zu einem geeigneten Fürsprecher für Seine Schöpfung und den

Menschen gemacht, die sich in absoluter Bedürftigkeit und Abhängigkeit von Ihm befinden. O Mensch, wenn du ein wahrer Mensch bist, dann sprich das *Bismillahirrahmanirrahim* und finde jenen Fürsprecher!

Zweifelsohne, ja sogar augenscheinlich gewiss ist es die Barmherzigkeit, die vierhunderttausend verschiedenste Arten von Pflanzen und Tieren auf dieser Erde, ohne dabei auch nur eine einzige von ihnen zu vergessen und zu verwechseln, erzieht, beaufsichtigt und leitet und die jede von ihnen zu gegebener Zeit in perfekter Ordnung, Weisheit und Gunst aufzieht und somit auf dem Antlitz der Erdkugel das Siegel der besonderen Einheit Gottes abdrückt. Die Existenz jener Barmherzigkeit ist so gewiss wie die Existenz der Geschöpfe auf Erden und für diese Tatsache gibt es so viele Beweise, wie es Geschöpfe gibt.

STEMPEL DER BARMHERZIGKEIT AUF DEM ANTLITZ DES MENSCHEN

Der Stempel der Barmherzigkeit wurde auch auf das Antlitz der spirituellen Grundveranlagung des Menschen geprägt. Er ist nicht weniger wert als der Stempel der Barmherzigkeit, den das Antlitz der Erde erhalten hat, oder als der größte Stempel der Barmherzigkeit, der dem Antlitz des Universums beschert wurde. Das Antlitz der spirituellen Grundveranlagung des Menschen ist dermaßen umfassend, dass es als der umfassende Brennpunkt der Reflexionen der tausend und einen Namen Gottes gilt.

O Mensch! Wie könnte es sein, dass der Eine, Der dir dieses Antlitz gab und darauf den Stempel der Barmherzigkeit und das Siegel der besonderen Einheit geprägt hat, dich dir selbst überlässt, überhaupt nicht an dich denkt, deinen Handlungen keinerlei Beachtung schenkt und somit die gesamte Schöpfung, die auf dich ausgerichtet ist, zum Scheitern verurteilt und zu einer Ödnis verkommen lässt? Wie könnte es sein, dass Er den Baum der Schöpfung wertlos und samt verfaultem Obst morsch werden lässt? Würde Er Anlass dazu geben, dass Seine Barmherzigkeit, die doch so augenfällig wie die Sonne ist, und Seine Weisheit, die so hell wie das Licht ist, geleugnet werden, wo sie beide doch nicht im Geringsten angezweifelt werden können und keinesfalls einen Makel aufweisen? Gott bewahre!

BESMELE IST EINE LEITER DER HIMMELFAHRT ZUM THRON DER BARMHERZIGKEIT

O Mensch, wisse, es gibt eine Leiter der Himmelfahrt, um zum Thron der Barmherzigkeit Gottes aufzusteigen. Diese Himmelsleiter ist *Bismillahirrahmanirrahim.* Wenn du das Ausmaß der Bedeutung dieser Himmelfahrt begreifen möchtest, richte deinen Blick auf die Eröffnung der einhundertvierzehn Suren im Koran, diesem Wunder der Darlegung, auf den Anfang aller segensreichen Bücher und auf den Beginn aller guten Handlungen. Ein weiteres definites Argument für den großartigen Stellenwert der *Besmele* ist der Kommentar von Imam Esch-Schafi'i (Möge Gott Wohlgefallen an ihm finden) (767–820), einem der großen Mudjtehid-Gelehrten: „Obwohl die *Besmele* nur ein einzelner Vers ist, wurde er doch einhundertundvierzehnmal im Koran offenbart!"

Viertes Geheimnis: Barmherzigkeit als Stempel der besonderen Einheit Gottes

Während man Gott mit den Worten „Dir einzig und allein dienen wir“ anredet, gelingt es nicht jedem, sich die ganzheitliche Einheitsreflexion Gottes vorzustellen, die sich in der grenzenlosen Vielheit der Geschöpfe manifestiert. Die Gedanken schweifen vielmehr ab. Es bedarf eines Herzens, das so weit und groß wie die Erde ist, um sich das Wesen des Einzigen Einen hinter der Prägung Seiner Gesamtreflexion auf dem Spiegel der Vielheit der Schöpfung vorstellen zu können und Ihn mit den Worten „Dir einzig und allein dienen wir, und bei Dir allein suchen wir Hilfe“ anzureden.

Aufgrund dieses Geheimnisses zeigt der Einzige Eine sowohl bei jedem einzigen Geschöpf als auch bei jeder einzelnen Gattung von Geschöpfen den Stempel Seiner besonderen Einheitsreflexion offensichtlich, sodass sich jeder Mensch bei jedem Geschöpf das Wesen Seiner Einzigkeit vorstellen kann. Deshalb verdeutlicht er die besondere Einheitsreflexion innerhalb des Siegelspiegels der Barmherzigkeit. Dadurch kann sich jeder Mensch, auf jedem beliebigen Vorstellungsniveau ohne großen Aufwand Sein Reines und Heiliges Wesen mit den Worten *Dir allein dienen wir und bei Dir allein suchen wir Hilfe* ansprechen und sich Ihm zuwenden.

Gerade um dieses gewaltige Geheimnis zum Ausdruck zu bringen, erwähnt der weise Koran auch die kleinsten Daseinsbereiche, während er von den großen Daseinsbereichen spricht. Beispielsweise redet er auf einmal von einem feinsten besonderen Objekt, während er von der

Erschaffung der Himmel und der Erde spricht, damit er ganz offensichtlich das Siegel der besonderen Einheitsreflexion Gottes darstellen vermag. Er thematisiert bei der Erschaffung von Himmeln und der Erde auch die Erschaffung des Menschen, die Stimme des Menschen, feingliedrigen Gnadengaben und Weisheiten auf seinem Antlitz, damit die Gedanken nicht abschweifen und das Herz nicht ertrinkt, die Seele unmittelbar ihren anbetungswürdigen Herrn finden vermag.

IN DER FARBENVIELFALT DER SCHÖPFUNG DIE EINHEIT GOTTES ERKENNEN

Diese genannte Wahrheit wird auf wunderbare Weise im folgenden Koranvers veranschaulicht:

Und unter Seinen Zeichen sind die der Schöpfung der Himmel und der Erde und die Verschiedenartigkeit eurer Sprachen und Farben (Er-Rūm 30:22).

Unter den unzähligen Geschöpfen und innerhalb der grenzenlosen Vielfalt gibt es verschiedene Arten und Abstufungen des Stempels der Einheit Gottes; sie ähneln gewissermaßen konzentrischen Kreisen vom Größten bis zum Kleinsten. Aber wie eindeutig diese Einheit auch immer hervortritt, dir bleibt doch stets eine Einheit, die in der Vielfalt herrscht. Sie kann die vollkommene Ansprache und Zuwendung zu Gott nicht bieten.

Hinter der Einheit in der Vielheit muss daher der Stempel der besonderen Einheitsreflexion Gottes stehen, damit die Vielfalt die Gedanken nicht ablenkt und die besondere Einheit einen direkten Weg im Herzen zum reinen heiligen Einen öffnen vermag.

Der Schöpfer hat den Stempel des Mitgefühls und das Siegel der Barmherzigkeit auf den Stempel Seiner besonderen Einheit abgedruckt, um die Aufmerksamkeit auf Seine besondere Einheit zu lenken und die Herzen für diese zu gewinnen. Denn der Stempel bzw. Siegel der Barmherzigkeit ist ein sehr faszinierendes Ornament, ein hell strahlendes Licht, ein sehr süßer Liebreiz, eine äußerst liebevolle Schönheit, eine ganz kräftige Wahrheit. Gerade die Anziehungskraft der Barmherzigkeit ist es, die die Aufmerksamkeit der Bewusstseinswesen auf sich lenkt, anzieht und zum Stempel der besonderen Einheit weiterleitet. Diese Kraft veranlasst, über das Wesen des Einzigen Einen nachzusinnen und die wahre Ansprechpartnerschaft bei dem Vers *Dir allein dienen wir und bei Dir allein suchen wir Hilfe* in vollem Umfang zu erlangen.

Also ist „Im Namen Gottes, des Erbarmers, des Barmherzigen" das Verzeichnis der Eröffnungssure des Korans, El-Fātiḫa, und somit eine Zusammenfassung des ganzen Korans, weshalb sie zum Begriff und Dolmetscher des hier beschriebenen gewaltigen Geheimnisses wurde. Wer diesen Titel besitzt, kann in den Sphären der Barmherzigkeit frei reisen. Wer auch immer es veranlasst, diesen Dolmetscher zu sprechen, wird die Geheimnisse der Barmherzigkeit Gottes erlernen und das Licht des Mitgefühls und des Mitleids Gottes erblicken.

Fünftes Geheimnis: Das Antlitz des Menschen als Ebenbild der Barmherzigkeit

DAS WESEN GOTTES IST UNVERGLEICHBAR

Es gibt einen ehrwürdigen Hadith, der besagt: „Gott hat den Menschen im Ebenbild des Barmherzigen Einen erschaffen. (Oder so ähnlich sprach er.)“ Diesen verehrten Hadith haben einige Sufis in einer seltsamen, mit den Grundlagen des Glaubens nicht übereinstimmenden Weise gedeutet. Einzelne Berauschte der Gottesliebe unter ihnen gingen sogar so weit zu behaupten, das spirituelle Antlitz des Menschen entspräche dem Ebenbild des Barmherzigen. Da die Mehrheit der Sufis in die verwirrende Trance ihrer Kontemplation eintauchen und bei den Berauschten der Liebe auch ertrinkende Vertiefung und Verwechselung auftauchen, mag man es ihnen vielleicht nachsehen, dass sie Auffassungen äußern, die in Konflikt mit der Wahrheit stehen. Diejenigen aber, die bei klarem Verstand sind, dürfen solche Deutungen, die mit den fundamentalen Glaubensprinzipien unvereinbar sind, nicht akzeptieren. Ansonsten unterliegen sie ebenfalls einem Irrtum.

Dem Reinen und Heiligen Wesen Gottes, das das gesamte Universum so mühelos wie einen Palast oder wie ein Haus ordnet und lenkt und die Galaxien so problemlos in Bewegung hält, als seien sie Partikel, die Er voller Weisheit und Gnade ausschickt, damit sie durch das All wandern, Ihm, der die winzigsten Partikel entsendet, als seien sie gehorsame Amtsträger, ist niemand gleich oder ebenbürtig; Er hat weder einen Teilhaber noch einen Gleichrangigen noch ein Gegenteil oder ein Gegenüber. Gemäß dem Prinzip *Es gibt nichts Seinesgleichen; und Er ist der Hörende, der Sehende* (Asch-Schūrā 42:11) hat Sein Wesen außerdem weder ein Abbild noch ein Ebenbild noch eine Simulation oder ein Ähnlich-Bild. Mit den Worten des Korans: *Nichts ähnelt Ihm oder ist mit Ihm vergleichbar.*

VERGLEICHE SIND FÜR POTENZIALE, ATTRIBUTE UND NAMEN GOTTES MÖGLICH

Man kann jedoch gemäß folgendem Koranvers über Vergleiche und Gleichnisse dem Sinn nach eine Vorstellung von Seinen Potenzialen, Seinen Attributen und Namen gewinnen: *Er stellt Selbst das Höchste Gleichnis in den Himmeln und auf Erden dar; und Er ist der Allmächtige, der Weise* (Er-Rūm 30:27). Das heißt, Allegorien und Vergleiche sind nur dann möglich, wenn wir das schaffende Potenzial Gottes beschreiben möchten. Demzufolge ist einer der zahlreichen Sinngehalte, die der oben erwähnte verehrte Hadith besagt, folgender:

„Der Mensch besitzt eine Gestalt, die im vollen Umfang Gottes Namen ‚der Barmherzige' reflektiert." Wie bereits oben dargelegt, wird Gottes Name „der Barmherzige" auf dem Antlitz des Universums durch die Strahlen der tausend und einen Namen sichtbar. Auf dem Antlitz der Erde wird er hingegen durch die unzähligen Reflexionen der absoluten erziehenden Herrschaft Gottes ausgedrückt. Die vollständige Manifestation des Namens „der Barmherzige" zeigt sich in der umfassenden Gestalt, Beschaffenheit des Menschen im kleinen Maßstab ebenso wie auf dem Antlitz der Erde und des Universums.

DER MENSCH IST EIN BRILLANTER BEWEIS UND WUNDERBARER SPIEGEL GOTTES

Dieser Hadith gibt außerdem den folgenden Hinweis:

Die Lebewesen allgemein und der Mensch besonders sind Argumente und Spiegel des Allbarmherzigen Erbarmers. Die Beweisführung dieser beiden Manifestationen für den Notwendigerweise Existierenden Einen ist dermaßen stichhaltig und klar und manifest, dass sie die erwähnte Formulierung rechtfertigt. Ähnlich wie jemand, der von einem glänzenden Spiegel, der die Sonne reflektiert, sagen kann: „Dieser Spiegel ist die Sonne bzw. das Ebenbild der Sonne“, und damit die Brillanz des Sonnenlichts und des Abbilds der Sonne im Spiegel und deren eindeutige Beweisführung für die Existenz der Sonne betonen will.

In diesem Hadith wurde in der Tat gesagt – es kann auch gesagt werden: „Der Mensch ist das Ebenbild des Barmherzigen Einen“, um die eindeutige Beweisführung des Menschen auf die Existenz des Schöpfers und die Vollkommenheit der Beziehung des Barmherzigen zu ihm hervorzuheben. In Hinblick auf diesen Aspekt des Geheimnisses haben die Moderateren und Ausgewogeneren, die an die *wahdet-el-wudjud* glaubten, gesagt: „Außer Ihm (Gott) existiert nichts“, womit sie die Klarheit der Beweisführung und die Vollkommenheit der Beziehung zum Ausdruck bringen wollten.

O mein Gott, Allerbarmer, Barmherziger! Erbarme Dich unser um der Wahrheit der Formel „Im Namen Gottes, des Erbarmers, des Barmherzigen“ willen und wie es Deiner Eigenschaft als Erbarmer gebührt und lass uns in Deiner Eigenschaft als Barmherziger Zugang zur Erkenntnis der Geheimnisse der Formel „Im Namen Gottes, des Erbarmers, des Barmherzigen“ finden. Amen.

Sechstes Geheimnis: Barmherzigkeit als Mittel zur Nähe Gottes

Du unglücklicher Mensch, der von Bedürftigkeit und Armut geplagt wird! Begreife endlich, was für ein wertvolles Mittel und was für ein anerkannter Fürsprecher die Barmherzigkeit Gottes ist. Sie ist das Mittel zu einem ruhmreichen Souverän *(sulṭān-i zuldjelāl)*, in dessen Armee riesige Galaxien und winzigste Teilchen in vollkommenem Gehorsam und in perfekter Harmonie zusammenwirken. Und jener ruhmreiche Souverän ist sowohl anfangs- als auch endlos *(sulṭān-i ezel we ebed)*. Er ist von seinem Wesen her absolut unabhängig. Alles und jeder braucht Ihn, Er selbst steht ganz und gar jenseits aller Bedürfnisse. Er ist absolut selbstständig und bedarf in keinster Weise des Universums oder der sich in ihm befindenden Entitäten. Alles steht unter Seiner Autorität und Verwaltung, ist angesichts Seiner Majestät und Größe ganz und gar gehorsam und unterwirft sich ehrfürchtig Seiner Erhabenheit.

Die Barmherzigkeit Gottes, o Mensch, erhebt dich in die Gegenwart des Einen, des absolut Unabhängigen, des Ewigen Souveräns, macht dich zu Seinem Ansprechpartner, zu Seinem Freund und geliebten Diener. So wie du weit entfernt von der Sonne bist, sie weder erreichen noch dich ihr nähern kannst, obwohl ihr Licht reflektiert und durch deinen Spiegel für dich manifest wird, sind auch wir weit entfernt von dem Wesen des Reinen und Heiligen Einen *(dhat-i aqdes)*, von der Sonne der Ewigkeit und Unendlichkeit *(schems-i ezel we ebed)*, und wir können Ihm nicht nahe kommen. Nur das Licht Seiner Barmherzigkeit lässt Ihn uns nahe sein.

DER GESANDTE GOTTES ALS BARMHERZIGKEIT FÜR ALLE WELTEN

O Mensch, wer diese Barmherzigkeit findet, hebt einen ewigen Schatz unerschöpflichen Lichts. Der Weg zu diesem Schatz führt über die Gefolgschaft des erhabensten aller Gesandten und über die Befolgung seiner Sunna. Jener Gesandte, der das strahlendste Beispiel und der brillanteste Repräsentant, die redegewandteste Stimme und der wortgewaltigste Verkünder der Barmherzigkeit ist, wird im Koran als eine Barmherzigkeit für alle Welten gepriesen.

Die *ṣalawāt* (Segens- und Barmherzigkeitswünsche) für den Propheten gilt als Mittel zu diesem Inbegriff der Barmherzigkeit, die als Barmherzigkeit für alle Welten entsandt worden ist. Ja, im Grunde bedeutet die *ṣalawāt* Barmherzigkeit, also ein Segens- und Erbarmens-Bittgebet für diese lebendige Verkörperung der Barmherzigkeit. Durch dieses Mittel erreicht man den Gesandten, die Barmherzigkeit für alle Welten.

Mache auch du dieses Bittgebet für dich zu einem Medium für das Erreichen der Barmherzigkeit für alle Welten, nämlich den Gesandten, und erkenne ihn als ein Wegbereiter für die Barmherzigkeit des Barmherzigsten der Barmherzigen!

Weltweit spricht die Gemeinschaft der Gläubigen stets dieses Barmherzigkeits-Bittgebet für die Barmherzigkeit aller Welten, den Propheten Muhammed aus. Diese Tatsache unterstreicht in brillantester Weise, was für ein kostbares göttliches Geschenk die Barmherzigkeit doch ist und wie weit ihre Sphäre reicht.

Um es noch einmal abschließend zusammenzufassen: Der wertvollste Diamant in der Schatzkammer der Barmherzigkeit und dessen Türhüter ist seine Erhabenheit Ahmed, Friede und Segen seien auf ihm.

Der allererste Schlüssel zu dieser Schatzkammer der Barmherzigkeit ist die Formel „Im Namen Gottes, des Erbarmers, des Barmherzigen". Ein anderer Schlüssel, der sehr einfach zu handhaben ist, ist das Bittgebet für den Propheten Muhammed.

Abschließendes Bittgebet

O Gott! Um der Geheimnisse der Formel „Im Namen Gottes, des Erbarmers, des Barmherzigen" willen: Segne den, den Du in Deiner Gnade und mit der ihm gebührenden Ehre als eine Barmherzigkeit für die Welten gesandt hast und schenke ihm Frieden. Segne seine gesamte Familie und seine Gefährten und schenke auch ihnen Frieden. Gewähre uns Barmherzigkeit, damit wir nicht auf die Barmherzigkeit eines Deiner Geschöpfe angewiesen sind. Amen.

Gepriesen seist Du. Wir besitzen nur Kenntnis darüber, was Du uns gelehrt hast. Fürwahr, Du bist der Wissende, der Weise.

Index

Symbole

A

B

D

E

F

G

L

M

N

P

Q

R

S

T

U

V

W

Z